精神分析と昇華

天才論から喪の作業へ

Horikawa Satoshi
堀川聡司

岩崎学術出版社

序　文

　　　　　　　　　　　　　　　　　　　　　　　松木 邦裕

　数ある精神分析の概念の中でもフロイトが好んだものが「昇華」である。フロイトは「昇華」と命名した，至上な高みに至る人間のこころに特異な資質に，精神分析が治療法として有効に作用するための好ましい触媒を期待したのである。フロイトは臨床手法としての精神分析が大きな限界を持つことを的確に認識していた。そうであるがゆえに，昇華に治癒の可能性が拓かれるのを見た。

　けれども，それから百年あまりを経てみると，昇華の概念は，フランスでの展開を除けば，世界的には探究が深められるものにはなっていない。その後の精神分析の発展は，より重篤な病理に接近していく中で昇華を置き去りにしてきていたのかも知れない。そして，昇華はその意義を新たに見出してくれる人物を待っていた。

　そこに堀川聡司は本書『精神分析と昇華』を携えて現われたのである。本書で堀川は自らの臨床経験を傍らに従えながら，新たな視座を導入して，深窓に眠れる昇華を私たちの前に連れ出してきた。そして，元来いるべき精神分析臨床の場に居場所を設えている。

　とは言え，堀川が辿ってきた道のりは極めて険しく，連なる茨や瓦礫に遮られていた。堀川は行きつ戻りつ，希望と絶望に身を委ねながら，ときには身を挺して茨を突き抜け，現代精神分析臨床での昇華の意義に本書において到達している。堀川聡司が辿った辛苦の過程を，読者は本書を読みつつ想像することは困難なのかもしれない。というのは，本書は精神分析の書として美しく構成されているからである。

ラプランシュに倣い，堀川は昇華を croix，すなわち交差点/十字架と位置づける。交差点とは，内的プロセスと外的環境が交わるところを意味する。十字架とは，逃れられない名誉と苦難を含んでいることである。そして交差点と十字架としての昇華を，理論と臨床の複眼的な視座から眺望する。

　堀川は昇華の理論を「脱性化」と「社会化」を構成軸としたフロイトから始め，自我心理学のアンナ・フロイトやハルトマンら，フランス精神分析におけるラカン，ラプランシュ，ドルドらを引用し，また英国対象関係論，おもにクラインを引用して細心に展望していくとともに批判的な討議も加えている。それから，ここが重要なところだが，昇華理論の精神分析臨床での今日的な意義に果敢に挑む。

　その探求を経て，堀川が昇華を臨床での進展につながるものとして選出したのは，ドルトによる「象徴産出的去勢」とクラインの「償い」である。また，昇華の基本的三要素として，「代替満足」，「象徴化」，「〈物〉の再建」を提起する。これらの概念と要素が喪失における喪の作業の最終過程に結実することを述べる。ここで堀川は昇華を性欲動に基づく動因論と社会化にみる価値論という従来の認識枠から解放し，対象関係という新たな枠を組み入れることを成し遂げた。

　精神分析では，その理論と臨床の往復運動の中にブレイン‐チャイルド/新たな思考が創造される。堀川聡司の創造は，まさに本書『精神分析と昇華』として結実している。ところで，フロイトの天才論は追放されたのだろうか。堀川は「精神分析とは，何らかの絶対的な存在に依拠することを目指すものでは決してなく，むしろそれを絶えず批判的に検討する営みである」と決して門戸を閉ざしてしまわないのである。

　読者は，本書を読みながら，精神分析の新たな可能性に想いを馳せられるであろう。それは，精神分析を学ぶものに特権的なこころの自由を得ていく旅である。

　著者 堀川聡司を紹介しよう。言うまでもないが，堀川は精神分析の若き

学徒である。私は彼に京都の地で出会ったが，そのとき堀川はすでに高い志を抱いていた。その後，東京に居を移した現在も，志の高さは変わらない。彼は，精神分析の理論家や臨床家になろうとしているのではないように私には見える。彼は精神分析の臨床家であり理論家であるところを目指し，その大変困難な高みへの登攀に挑んでいる。それは，往々にして遅々としたものであろうが，彼は日々確かな歩みを進めているに違いない。

　蚕は幼虫から蛹化に至って繭を作り，そこから最終の変態を遂げ，翅を得て天上に舞い上がろうと試みる。本書『精神分析と昇華』はその美しい繭であり，それを残す堀川聡司はいつか高みに届くであろう。私は夢見るように，その日を想っている。

目　次

序　文　iii

凡　例　xi

序　章　交差点としての昇華　*1*

1. 昇華理論の含蓄　*1*
2. 昇華理論の脆弱性と重要性　*4*
3. 本書の構成　*6*

第一部　昇華理論の展開

第一章　フロイトの昇華理論　*11*

1. 通時的探究　*12*
   - （1）精神分析以前　*12*
   - （2）1920年以前（フロイト前期モデル）　*13*
   - （3）1920年以後（フロイト後期モデル）　*20*
2. テーマ別探究　*24*
   - （1）崇高かつ希少なもの　*24*
   - （2）欲動のその他の運命との関連　*25*
   - （3）治療論　*28*
   - （4）文化論　*32*
   - （5）攻撃性の昇華　*33*
3. 小考察　*35*
   - （1）昇華の二要素　*35*
   - （2）昇華理論の複雑化　*36*

　　　　（3）昇華の担い手は誰か？
　　　　　　――天才論としての昇華　*37*

　第二章　フロイト以後の昇華理論　*39*

　　1. 自我心理学　*40*
　　　　（1）アンナ・フロイト　*42*
　　　　（2）オットー・フェニケル　*42*
　　　　（3）ハインツ・ハルトマン　*44*
　　　　（4）自己心理学と（対人）関係学派　*46*
　　2. 対象関係論　*46*
　　　　（1）メラニー・クライン　*47*
　　　　（2）「償いとしての昇華」の継承　*52*
　　　　（3）その後の対象関係論における昇華研究　*53*
　　3. フランス精神分析　*55*
　　　　（1）フランス精神分析史の素描　*55*
　　　　（2）ジャック・ラカン　*57*
　　　　（3）ジャン・ラプランシュ　*57*
　　　　（4）ジャニーヌ・シャスゲ‐スミルゲル　*61*
　　　　（5）フランソワーズ・ドルト　*62*
　　　　（6）フランスにおけるその他の昇華研究　*66*
　　4. 小考察――フロイト前期モデルと
　　　　フロイト後期モデル　*67*

第二部　昇華理論の批判的検討

　第三章　昇華の動因論と価値論　*73*

　　1. 二つの理論的問題　*73*
　　　　（1）動因論について　*73*
　　　　（2）価値論について　*74*
　　2. 各理論の批判的検討　*78*
　　　　（1）フロイト　*78*

（2）自我心理学　*81*
　　　（3）対象関係論　*82*
　　　（4）フランス精神分析　*83*
　3.　考　察　*85*
　　　（1）動因論について　*85*
　　　（2）価値論について　*86*
　　　（3）諸理論の類型化　*87*
　　　（4）自我自律性への批判　*88*
　　　（5）現実原理，あるいは解放機制について　*89*
　　　（6）臨床的応用性の視点より　*90*

第四章　クラインの昇華理論再検討　*93*

　1.　クラインの昇華理論に関する評価　*93*
　2.　症例ルース・クヤール　*95*
　3.　ラカンの〈物〉と昇華　*97*
　　　（1）〈物〉　*97*
　　　（2）ラカンの昇華理論　*98*
　4.　昇華理論再考　*100*
　　　（1）フロイト，クライン，ラカン　*100*
　　　（2）昇華理論の再定式化　*102*
　5.　喪の作業としての昇華　*106*
　　　（1）喪の作業　*106*
　　　（2）ルース・クヤールの昇華　*108*
　　　（3）臨床的応用性に向けて　*110*

第三部　昇華理論の臨床的応用性

第五章　象徴産出的去勢の臨床実践　*113*

　1.　ドルトによる象徴産出的去勢の実際　*114*
　　　（1）象徴産出的去勢の三つの要件　*114*

　　　　　(2) 治療場面における象徴産出的去勢　*115*
　　　　　(3) 小考察　*117*
　　　2. 臨床素材　*118*
　　　　　(1) クワガタ少年①　*118*
　　　　　(2) クワガタ少年②　*123*
　　　3. おわりに　*127*

第六章　男根期的再建と肛門期的再建，
　　　　あるいは偽りの昇華　*129*

　　　1. 男根期的再建による偽りの昇華　*129*
　　　　　(1) 臨床素材　B夫人　*129*
　　　　　(2) ペニス羨望と羨望の防衛　*132*
　　　　　(3) B夫人の男根期的再建　*136*
　　　　　(4) 心理療法過程の再考　*137*
　　　2. 肛門期的再建による偽りの昇華　*138*
　　　　　(1) 臨床素材　C夫人　*139*
　　　　　(2) 考　察　*141*

終　章　天才論から喪の作業へ　*145*

　　　1. 天才論の失墜　*145*
　　　2. 喪の作業としての昇華
　　　　　――その臨床的応用性　*147*
　　　3. 精神分析と昇華　*149*
　　　　　(1) 昇華とは純粋なものなのか？　*149*
　　　　　(2) 精神分析における昇華理論の可能性　*151*

　　　文　献　*153*
　　　初出一覧　*161*
　　　あとがき　*163*
　　　索　引　*167*

凡　例

　文献の引用に際しては，該当のページ番号を記している．
　英語，およびフランス語の文献で既に邦訳があるものについては，原典のページ番号とそこに対応する邦訳のページ番号を「／」によって区切る形で示している．なお，引用に際しては，筆者が適宜日本語訳に手を加えている．

　フロイトの文献は，一部を除き S.E.（The Standard Edition of the Complete Psychological Works of Sigmund Freud. The Hogarth Press and the Institute of Psycho-Analysis, 全23巻）と『フロイト全集』（岩波書店，全22巻）を参照している．引用に際しては，初出の年号と，それぞれのページ番号を記している．

　クラインの文献については，初出の年号と，The Writing of Melanie Klein（The Free Press, 全4巻）および『メラニー・クライン著作集』（誠信書房，全7巻）のページ番号を記している．

序章　交差点としての昇華

　　昇華とはまぎれもなく，精神分析における交差点（croix）の一つであり，
　　フロイトにおける重荷（croix）の一つである。(Laplanche, J. 1980, p.17)

　パリ第七大学教授ジャン・ラプランシュは冒頭でこのように述べ，昇華について探究してゆく講義を本格的に開始した。1975 年 11 月 18 日のことである。

　この一文には，昇華という精神分析用語の特色と難点が込められている。彼はフランス語の croix がもつ多義性を意識して，昇華が，二つのものが交じり合う「交差点」であると同時に，「十字架」を背負わされ，苦難を引きずることになる「重荷」であることを示している。ラプランシュはこうして，昇華理論をテーマに様々な議論を展開していったが，それはフロイトを徹底的に読み込み，オリジナルな精神分析観をうち立てた彼だからこそできた仕事かもしれない。

　本書もまた，精神分析における「昇華」という術語の特色と難点を吟味しつつ，この概念の諸相を探究するものである。その目的は，この概念を，臨床実践を考察する上で有用なものとして再提示することにある。

1. 昇華理論の含蓄

　昇華（独：Sublimierung，英：sublimation，仏：sublimation）とは，フロイトが使い始めた精神分析固有の専門用語であり，「**性的なエネルギーを**

本来の目標ではない，社会的・文化的に価値あるものに変換すること」と定義されるものである。ほぼ全時期を通じてこの言葉を使っていたフロイトは，精神分析史上最も昇華について語った人物だったが，それを主題にした論考を残すことはなかった。さらに，フロイト以後の精神分析においても，中心的なテーマとして扱われることは（フランスでの展開を除けば）極めて少なく，今日では，むしろ忘れられた術語の一つであるかのようである。

その一方で，精神分析を専門的に学んでいない人たちの目から見たらどうだろうか。転移や投影同一化の意味は知らない，ウィニコットやビオンの名前など聞いたこともないという人たちでも，昇華という言葉には何となく馴染みある場合がいくらかないだろうか。実際，インターネット上のSNSなどを覗いてみると，「手塚治虫は，鬼太郎で妖怪ブームを引きおこした水木しげるに嫉妬したが，それを『火の鳥 鳳凰編』で作品に昇華したと思う」あるいは，「Twitterで上手い自虐ネタを書ける人は，イヤなことがあった時に，それを笑いに昇華しようとする」などと記されており，この言葉が多少なりとも市民権を得ているような印象を受ける。もちろんその語法は，およそ精神分析的なものからは遠く隔たっているが，そのような形であれ人口に膾炙されているのは，何がしかの魅力があるからのようにも思われる。

それでは，専門家の間ではほとんど注目されていないこの言葉には，一体どのような意義，あるいは魅力があるのだろうか。とりわけ臨床的な視座に寄与できるものがあるのだろうか。

本書において筆者は，昇華が，個人の内的な心のプロセスと，社会・文化といった個人の外的な環境とを重ねて捉える概念である点にそれを見出している。すなわち，個人における生物学的な欲求や心的な願望と，現実で生きていく上での要請との二つを双眼的に見つめるところに概念としての魅力がある。ラプランシュが「交差点」と形容したことにはそのような意味も含まれている。

こうした交差点の感覚は，臨床に携わる者にとっては，常日頃からの関心の的になってはいないだろうか。例えば，力動的な視点をオリエンテーションにしている治療者ならば，患者の内的な無意識の世界に大きな関心を払う

だろうが，それと同時にその人が社会・文化の中でどのように生きていくかも常に念頭に置いている。目の前の患者を全体的に捉えようと努める限り，どちらか一方の視点だけに留まり，もう一方の視点を放棄することはあってはならないはずである。そのような意味で昇華理論には，日常的な臨床感覚に訴える含みがある。

さらに，精神分析実践には，患者の持つ快・不快の体験様式を変換させる機能がある点に注目した場合，昇華理論のポテンシャルがますます大きくなる。精神分析という営みが目指すものは，決して一義的には定められず，むしろ多様であるが（時代や学派によって，あるいは一つ一つのケースによって，個別に定義されるものだろう），本書で一貫して念頭に置いているのは，精神分析実践のこの側面である。快・不快の体験様式とは，多分に生物学的基盤に由来するものであり，それは神経学者としてキャリアを開始したフロイトが欲動という概念で扱おうとしたものである。

自由連想と解釈が行き交う精神分析臨床では，情緒，思考，空想，夢，記憶など様々なものが扱われるが，その営みは結果として，その人の快・不快の体験様式を変容させる。そして，精神分析を経験した患者は新しい快・不快の体験様式をもって，改めてその社会や文化の中で生きていく。この視点は，むろん精神分析の捉える人間理解が，生物学や生理学，神経科学や脳科学などに還元されることを意味していない。むしろ，そこから出発しながらも，如何にして"心"の領域に影響を与え，その個人の特性を形作ってゆくのか，そうして形作られた特性にどう関わってゆくのかを探求する[1]。

さて，昨今のテクノロジーの目まぐるしい進歩は，私たちの生活領域だけでなく，私たちの快・不快の体験様式さえも変容させるに至った。ヴァルドレは，こうした社会のあり方を「快原理が優位な時代」と呼び，もはやフロイトが『文化の中の居心地悪さ』（1930a）の中で語ったような居心地悪さを今日の私たちは感じていないのではないだろうか，と疑問符を投げかけ

---

[1] これに関連する本邦の研究としては，十川（2003, 2008）によるシステム論が挙げられる。それによると，主体は「欲動」「感覚」「情動」「言語」の四つの回路がそれぞれ連動することによって形成される。

ている（Valdrè, R. 2014, p.3）。松木（2011）が述べているように（pp.i–iii），精神分析とは，快楽を与え苦痛を除去するものではなく，人生において不可避に発生する苦痛や不幸にもちこたえることを促すものである。そのために精神分析では，自分自身の心に向かい合い，自らの内側で起きていることを探り，その体験様式を知る作業が提供され続ける。それは心の中のペストと向き合ってこそ，真実に邂逅できると信じてやまなかったフロイトの信念と通じるものに違いない。

　福本（1993）は，昇華が，世界と如何に関わり，如何に経験しているかを表すものであること，そして分析の唯一許す欲動満足の方法だと述べているが（p.92），昇華とは，欲動をベースに人間を理解しつつ，その人間がどのように生きていくかを考えていく装置である。本書では，昇華理論のそうした側面を前提にし，この概念の含蓄を探ってゆく。

2. 昇華理論の脆弱性と重要性

　精神分析は一世紀を越える歴史の中で，数々の固有の用語を生み出してきた。その中には，理論的考察を経て，または臨床的要請に応えていくことを通して，その意味や語法が変容していったものがある。こういった変容はフロイトの著作の中だけでも少なからず存在しているが，それはひとえに彼が思想や理論を構築する際，それまでのものを自らの手で覆すような形で更新してきたからである。おかげで私たちがフロイトの著作を読む時，困惑に陥ることがしばしば生じるが，それは同時に彼の魅力とも言えるだろう。また，フロイト以後世界各地に広まった精神分析を追いかけ概観してみると，こうした変容のあり様は一層如実に現れてくる。興隆した学派が掲げる教義や直面していた課題，さらには文化的背景までもが多様に関与しているからである。それゆえ，ある精神分析用語を一義的に定義することは，しばしば困難を極めてしまう。

　昇華とは，間違いなくそういった類のものである。ラプランシュが「重荷」と捉えたように，この術語は精神分析用語のなかでも厄介なものの一つ

であり，概念の揺れや歴史的な変遷が目立っている。もともとフロイトは先に挙げたような現象を昇華と名づけたが，フロイトの著作の中でも概念上の揺れが認められる上，後世の分析家はフロイトとは異なる意味合いにまでその範疇を押し広げた。さらに，近年では一部を除いて，この術語が使用されること自体ほとんどなくなっている状況である。

　その原因の一端は，やはり昇華という概念が欲動論をベースにしていることと関係がある。フロイトはたびたび欲動理論の更新を試みていたため，当然昇華理論も刷新されることを余儀なくされた。また，英米圏の精神分析は時代と共に，「脱欲動的」な理論を構築するようになったため，新しく興隆する学派では，昇華理論が馴染みにくくなった。現代クライン派，中間学派，関係学派，自己心理学などにおいて，昇華の研究がほとんど見られないのはそのためである。他方で，欲動の議論がいまだに尽きないフランスの精神分析においては，今日でもしばしば研究対象となっている。

　しかしそれ以上に，昇華理論は，定義からしてそもそもの曖昧さを抱えている。正確に言うと，「社会的・文化的に価値ある」という部分の不明瞭さが際立っている。精神分析史において，昇華が当初よりいささか副次的な概念としてしか扱われなかった最大の要因はここにあり，それが理論的な脆弱性を決定づけていると言えるだろう。定義が不明瞭であるために，使用する分析家によって意味合いのばらつきが生じ，整合性も一貫性も欠く結果を招いているのである。福本（1993）が，昇華のことを「漠然とした印象に基づいて使われている発展性のない概念」（p.91）と言うのは，こうした事情を端的に捉えてのことだろう。

　その一方で，ラプランシュも携わった『精神分析用語辞典』の昇華の項目には，「この概念は，それがないと不具合に見舞われるような，学説上欠かせない一つの前提となっている。昇華に関する一貫した理論がないということは，やはり精神分析の思考における欠陥の一つである」（Laplanche, J. & Pontalis, J-B. 1967, p.467/223, 強調は引用者）と記されている。つまり，彼らの目からすれば，昇華という概念は，理論的な一貫性がなく曖昧であったとしても，精神分析にもたらしうる寄与が度外視できないほど大きいものな

のである。またナシオは，昇華を副次的概念として軽視する立場に異を唱え，次のように述べている。

> 昇華は，精神分析の境界域においてではあるが，重要な概念であり，治療態度の面から精神分析家を導くための主要な理論的利器であり続けていると私たちは思っている。[……] しかし同時に，それは臨床的にも主要な利器である。というのも，たとえこの概念が分析のただ中ですぐさま識別できないにしても，治療の動きの中で現れてくるある種の変化を認識して区切りを打つ際，耳を傾けている実践家にとって昇華の概念は重要な役割を演じるからである。(Nasio, J-D. 1988, pp.123-124/113)

筆者も，彼らと同様，昇華という概念に多大な重要性があることを見越して本書に臨んでいる。そのための手順として，まずは精神分析史における昇華という術語の理論的な不具合や曖昧さを明確にし，その上で，昇華理論がもたらす寄与を考察してゆく。

3. 本書の構成

それではここで，本書の流れを簡単に示しておこう。

第一部「昇華理論の展開」は，精神分析史における昇華理論がどのように展開し，どのようにその扱われ方が変容していったかを概観するセクションである。第一章ではフロイトに，第二章ではフロイト以後の精神分析家たちに焦点を当てる。

第二部「昇華理論の批判的検討」は，昇華理論に内在している理論的な矛盾点，曖昧な点について検討し，精査すること，さらには今日的な観点からみて妥当かつ有益な昇華の定義を示すことを目的としたセクションである。第三章では各々の分析家の見解を包括的に検討し，第四章ではクラインの昇華理論をラカンの読解も交えて考察してゆく。

第三部「昇華理論の臨床的応用性」は先に提示した昇華理論の定義に基づ

き，この理論を持つことが，臨床実践にどのように寄与しうるのかを，筆者が経験した臨床素材をもとに検討する。第五章では，臨床ヴィネットをミクロな（微細な）視点から見てゆくことを通して，第六章では，心理療法過程をマクロな（巨視的な）視点で見てゆくことを通して，論を展開してゆく。

　本論文を締めくくる**終章「天才論から喪の作業へ」**では，フロイトが一部の天才を語るために使用した天才論としての昇華が，時代と共に失墜していったことを指摘し，いまや臨床実践のための言葉となったことを再度主張する。さらに，昇華理論の限界点を確認し，その上で改めて，概念としての意義を主張する。

　なお，本書は，昇華という言葉が従来より大きな対象として据えていた芸術論や美学，精神病跡学などからは遠のいたものになっていることをあらかじめ断っておかねばならない。治療技法から生まれた精神分析が，その後，様々な関連分野へ影響を与えたことを思うと，いささか物足りない展開かもしれないが，それはひとえに筆者の力量不足と，臨床実践への寄与を目指す本書の性格ゆえである。

　また，本書の第五章，第六章に登場する事例はいずれも筆者が臨床心理士として出会った患者との経験に基づいたものであるが，プライバシー保護の観点から，その事実等は大幅に改変されている。

第一部
昇華理論の展開

第一章　フロイトの昇華理論

　精神分析の根幹に据えられるいくらかの重要語句と比べれば，フロイトが昇華という用語を使った頻度はそう多くはない。しかも，この概念はフロイトの理論的変遷，とりわけ欲動論の変遷に伴ってその内容が変化している上，文脈によって語法のニュアンスが大分異なっているため，一貫したまとまりある概念として措定するのが非常に難しくなっている。そのようなフロイトの昇華論を概観した上で独自の考察を加えている先行研究は少なからず存在するが[1]，やはりその質の高さと徹底さにおいて，ミジョラ・メラーによる一連の研究（Mijolla-Mellor, S. de, 2005; 2009; 2012）は，精神分析史上おそらく最も優れたものだろう。

　ここでは，そうした先行研究を踏襲するのではなく，本書全体と関連深いものを強調しながら，フロイトにおける昇華理論を概観してゆきたい。まずは時代に応じた昇華理論の展開を通時的に繙いてゆき，次にフロイトによって昇華が語られる際のテーマ・文脈を抽出し，それらがどのようなものであるかを見てゆく。本章における目的は，昇華理論に関する網羅的なレビューではなく，本書全体の出発点であるフロイトの昇華理論がどのような思考のもと展開していったのかを追いかけ，その中で見出される矛盾点や曖昧な点を浮き彫りにすることにある。

---

1) 例えば，Glover, E.（1931），Lagache, D.（1962），Meltzer, D.（1973），Laplanche, J.（1980），Lacan, J.（1986），Nasio, J-D.（1988），Green, A.（1993），Valdrè, R.（2014）などが挙げられるだろう。

1. 通時的探究

(1) 精神分析以前

　フロイトが使い出したジャーゴンである「昇華」の語源について，ラプランシュとポンタリスは，美学における「崇高（sublime）」という言葉と，化学で用いられる「昇華（sublimation）」という言葉を連想している（Laplanche, J. & Pontalis, J-B. 1967, p.465/221）。

　哲学・美学の領域にて扱われる「崇高」という概念は，17世紀には語られていたと言われるが，主だって取り上げられるようになったのは，バークの『崇高と美の観念の起源』（1756）やカントの『美と崇高の感情に関する観察』（1764），『判断力批判』（1790）など，18世紀後半になってからである。そこでは人間の体験様式についての一カテゴリーとして，壮大さや偉大さ，そしてそれを前にした時に生じる圧倒的な感情や感覚が扱われた。フロイトが精神分析に導入した昇華において，結果として現れる現象は，やはりそうした崇高なものである。人間の本能や身体にその起源をもつ生々しいエネルギーが，壮大で偉大なものへと成り変わるからである。

　化学における「昇華」は，液体の段階を経ないで固体が気体に変化する現象を指しており，現在でも使用されている術語である。こちらは「崇高」よりもさらに歴史が古く，中世ヨーロッパにおける錬金術において用いられていたようである。そうした化学的な発想は，フロイトが終始こだわっていたエネルギー論を記述するにあたって，馴染みあるものである。彼は心のメカニズムが一種の流動的なエネルギーの存在によって構成されていると仮定し，その量の大小，動きの強度・方向，活発さなどによって，心の現象を記述した。神経症や倒錯，パラノイア，後期にはメランコリーや罪悪感などについてもそうである。昇華はその中でも，心のエネルギーが劇的に好ましいものへと変容する現象と言える。

◆フリースへの手紙・草稿L

　美学的「崇高」と化学的「昇華」というこれら二つの要素は，（今日確

認できる範囲で）フロイトが初めて昇華という言葉を使用したと思われる1897年5月2日づけのフリースへの手紙61（1985年に出版されたマッソン版では「手紙126」）にも見出される。この手紙の本文と同封の「草稿L」において，フロイトは，ヒステリーの女性患者が描く空想が，実際の記憶や事実を洗練させたものになっていることに着眼し，その作用を「昇華」と呼んでいる（Freud, S. 1950a, pp.247-9/246-8）。そこでは父親との近親姦という非道徳的な空想が，道徳的な内容に変換されているが（後にスクリーン・メモリーと呼ばれる機制を思わせる），欲動論の含みは一切ない。もともとの素材が「崇高なもの」へと「劇的に変形する」といった意味合いで使っているに過ぎないようである[2]。

(2) 1920年以前（フロイト前期モデル）

グラバーは，フロイトが存命している時代の昇華理論研究としては，最も網羅的なレビュー論文を残している。彼はその論文の中で，1923年を境に時期を二つに分けて昇華理論を取り扱うよう推奨している（Glover, E. 1931, p.263）。フロイトの思索の展開を時代別に分類する仕方はまた別のものもあるが，1923年の『自我とエス』において，自我・エス・超自我の三つの審級から成る第二局所論が提唱されたのと同時に，昇華理論も決定的な更新がなされたことは確かである。

本書では，1923年ではなく，あえて1920年を一つの転換点と捉えてみたい。もちろん，明白に新しい昇華のメタサイコロジカルな記述が登場するのは1923年に他ならないが，これから見てゆくように，その背景には，生の欲動と死の欲動の分類が示された第二欲動論の存在を軽視できない。さらに，この視点がフロイトの以後の昇華理論の展開を見てゆく上でも有益に働く。さしあたり1920年以前の昇華理論を「**フロイト前期モデル**」，1920年以後になって更新されたフロイトの考えが盛り込まれている昇華理論を「**フロイト後期モデル**」として，議論を進めてゆこう。

---

[2] ナシオはこの昇華の側面は，耐え難い性的記憶に対する防衛である，と説明している（Nasio, J-D. 1988, pp.126-128/116-118）。

◆ 症例ドラと『性理論三篇』(1905年)

　精神分析固有の意味で，フロイトが「昇華」という言葉を始めて使用したのは，症例ドラの論文の次の一節においてである[3]。この時点で既に，人類の文化的な営為と性倒錯が同じ根源をもつという発想が示されていることが分かる。

　　倒錯の萌芽はそのすべてがまだ分化していない子供の性的素質の中に含まれていて，それがそのまま発達したのが倒錯である。こういった倒錯の萌芽は，その発達が抑え込まれたり，性的なものではない，もっと次元の高い目標に方向転換——昇華——されたりすることによって，私たちが数多くの文化的営みを行える力となるように定められている。(Freud, S. 1905e, p.50/60)

　しかし，厳密な意味で，昇華という術語が初めて世に現れたのは（刊行物としての初出），症例ドラよりも一足早く『性理論三篇』の第二篇においてである。

　　そのような性欲の動きの流れ込みは，潜伏期においてもやむことはなかった。しかしながら，このエネルギーは——その全部が，あるいはその大部分が——性的な利用の道を逸らされ，それ以外の目的に使われるのである。[……] 性欲動の力を性的目標から逸らし，何か新しい目標へと向けかえることによって，あらゆる文化的な活動を行うための重要な必要因子が得られるものと考えることができる。こういったプロセスには，昇華という名を与えるのがふさわしい。(Freud, S. 1905d, p.178/228)

　この著書は『夢判断』（1900）と並んで，フロイト自身が認める代表作であり，その思想の中核に据えられる欲動について，性倒錯と幼児の性愛生活の観察から出発し，それに関する考察が示されている。欲動をいわば「基本仮説」あるいは「神話」として導入したフロイトは，それを徹底的に使用する

---

[3] フロイトがこの論文を発表したのは1905年だが，執筆したのは治療が中断した直後の1901年のことである。

ことを通してその使用価値を判断すべきだと述べている。ここで欲動に関するフロイトの基本的な発想をいくらか振り返っておこう。

　欲動とは，ごく簡潔に定義するならば「有機体の内部からやってくる刺激」である。その源泉は身体刺激（緊張状態）にあり，その目標はそうした緊張状態を解消することである。欲動はその目標を達成するために，以後，様々な対象と関わることになる。基本的にはこのように捉えられる欲動を，初期のフロイトは，自己保存欲動（自我欲動）と性欲動の二つに分けて考えていた。前者はいわば生理的な欲求であり，食事や排泄などに関わる，動物的本能的な水準に位置づけられるものである。それに対して，性欲動は生まれながらにして存在しているものではない。最初は自己保存欲動に依りかかっているが，やがてそこから独立し，固有の論理に従って身体を再組織化してゆく[4]。

　また，性的関心の中心となる身体部位（性源域）は，乳幼児の発達に従って順次移行していく。それは，「口唇期」に始まり，「肛門期」，「男根期」と発展し，潜伏期にて一時収まった後「性器体制」へと至るという理論である[5]。それぞれの性源域に見合った欲動（部分欲動）は，それぞれの満足を求めるが，もしいずれかの地点において何らかの事情により発達が滞ってしまうと（固着が生じると），それに関連した病理が後々発生することになりうる。

　このような「性」の理解は，一般に考えられている思春期以降に生じる生殖を目的とした性欲に限らないものである。フロイトはこうした欲動理解を用いて神経症を始めとする精神病理やその治療法を論じたが，それに飽き足りることなく，様々な人間の営為を欲動の視点から捉えていった。

　ところで，欲動とは「本能」や「衝動」とも同等視されることがあるように，時に予想もつかなければ，制御も難しいエネルギーとして立ち現れてくるものである。しかも，それは内側からやってくるものであるため，外部か

---

[4] これは「依託」と呼ばれる欲動のプロセスである。詳しくは本書第二章のラプランシュの項を参照のこと。彼はフロイトの依託論に誰よりも注目した分析家と言えるだろう。

[5] 1905年当初，性発達段階の区分は，「口唇期」，「肛門期」，「性器期」の三つであった。その後フロイトは，性器期を潜伏期の前後で分割し，前者を「男根期」，後者を「性器期」と呼ぶようになる（Freud, S. 1923e）。

らの刺激に対して逃避，防御をするようには対応できない。そのため，心的装置は欲動に対して固有の対処法を講ずる必要に迫られることになる。そういった手段の代表が抑圧なのだが，一方でそれが様々な神経症が発生する原因にもなる。また，抑圧などの作用を特別に受けず，直接的にそれが表現され，目標を達成することができたならば，倒錯と呼びうるものになる。フロイトは，一般に考えられているような「正常な」性愛が，人間の本性として備わっているのではなく，逆に，倒錯的な小児性愛がもともと存在していて，それらが様々な加工を被ることによって正常な性愛が生成されうることを明記した。「症状の一部は，異常性欲を犠牲にして作られる。神経症は，いわば倒錯の陰画（ネガ）なのである」(Freud, S. 1905d, p.165/212) という有名な一節はこうした発想を端的に表している。

　また，欲動の性質として特筆すべきことに，その「可塑性」が挙げられる。欲動は満足を得ることを常に目指しているが，その満足の手段，つまり欲動の目標や対象は代替可能であり，様々な事情や心的な性質によってそれらは入れ替えられる。

　昇華とはそのような代替の中でも，とりわけ社会的に評価される類の目標や対象へと交換されたものを指している。つまり昇華は，欲動が抑圧を受けることもなければ，直接倒錯となって自由に表現されるわけでもなく，別の運命を辿った結果である。身体という源泉も，その緊張状態を解消するという最終的な目標も同じでありながら，昇華という心的プロセスにおいては，その手段を社会的・文化的に高い水準のものに据えて達成される。その時，本来の性愛的な希求という性質は，少なくとも表面的にはもはや存在しない。フロイトは昇華を，いわば好ましくて喜ばしい，都合の良い欲動の変容形態として（反動形成と共に）提示している。

◆「「文化的」性道徳と現代の神経質症」(1908年)

　昇華が『性理論三篇』の次に集中して言及されるのは1908年に発表された「「文化的」性道徳と現代の神経質症」(1908d) においてである。この論考はフロイトにとって初めての文化論であり，自由な性生活を許容しない高

度に文明化された現代の文化が，どのような「神経質症」を人々にもたらしているかを論じている。性欲動は性道徳を強いる現代文化において必然的に抑圧を被ることになっているが，そのような中，昇華という経路のみは性欲動が文化の中で成功しうる運命を辿ることができる。ただ，それは才能ある限られた人間にしかできない，というのがフロイトの主張である。

1909年にアメリカのクラーク大学にて行われた五つの講演の中でも，同様の見解が平易な形で述べられている（Freud, S. 1910a）。

◆「ダ・ヴィンチの想い出」(1910年)

こうした発想は，自ずと個々の高度な文明を築いた芸術家や学者といった天才への関心に繋がってゆき，レオナルド・ダ・ヴィンチ論にて開花することとなる。この論考でフロイトはまず，幼児期の性研究[6]に着眼し，それがその後どのような運命を辿るかについて三つの分類を示している。第一の型は強烈な性的抑圧がかかることによって生じる思考制止であり，第二の型は，知性が性的抑圧に抗うあまり，あくなき詮索を追い求める思考強迫である。これらはいずれも抑圧がもたらす神経症的な結末といえるが，第三の型である昇華は，「性的抑圧は表れてくるが，性的快の部分欲動を首尾よく無意識の中へ追いやることができず，リビドーは最初から知識欲へと昇華され，力強い研究欲動に味方しそれを強化することで，抑圧という運命を免れる」（Freud, S. 1910c, p.80/27）ことになる。この場合は，神経症に陥らないだけでなく，知的関心に仕える形で欲動が自由に活動することを可能にする。フロイトはレオナルドを第三の型の典型例とし，彼の幼少期のハゲワシに関する記憶や生い立ちを手掛かりに議論を進めてゆく。

◆「ナルシシズムの導入にむけて」(1914年)

フロイトの欲動理論は1910年代，いわゆる中期と呼ばれる時期に入り，

---

[6] 例えば，「子どもはどこから生まれてくるのか？」という問いについて自分なりの仮説を立てることを指している。かのハンス少年が如何にこの問題に熱心だったかは，その症例報告に細かく描写されている（Freud, S. 1909b）。

いくらかの点で進展を見せる。それはつまるところ，ナルシシズムの概念が導入され，性欲動が対象リビドーと自我リビドーとに分類されたことに付随するものである。

　フロイトは，ナルシシズム[7]という概念を用いることによって，一度対象に向かった欲動が元の所に戻ってくる過程を記述した。このプロセスを時間軸に沿って記述するならば，次のようになる。

　まず，生まれたばかりの赤ん坊の欲動生活は，指しゃぶりなどに表されるように，他者や対象に向かわず，己の身体の内部で完結している。これが自体愛であり，フロイトはその状態を「一次ナルシシズム」と名づけた。次に，対象が見出されるようになると心のエネルギーはそちらへと向かうようになる。これは"リビドーが対象へ備給される"状態であり，ある対象を愛したり，関心を向けたりするようになる（この段階で対象に向かう対象リビドーと自分に向けられる自我リビドーに分けられる）。その後，対象へ備給されていたリビドーが撤退し，自己へ向けかえられる「二次ナルシシズム」となる[8]。

　以上のような着想に基づいて，フロイトが本格的にこの問題に取り組んだのは1914年「ナルシシズムの導入にむけて」においてである。その中で，リビドーの備給，およびその撤収のメカニズムを（決して明瞭な形ではないが）考察しつつ，昇華について触れている。少々長くなるが，本書でたびたび参照される部分であるので，引用しておこう[9]。

　　　ここで，この理想形成と昇華の関係を調べてみたくなるのが道理である。

---

7) フロイトが初めて「ナルシシズム」という言葉を用いたのは，『性理論三篇』の中の1910年に付け加えられた脚注においてである。そこでは同性愛者が女性と同一化し，性対象として男性を選ぶメカニズムが説明されている（Freud, S. 1905d, p.145/185）。
8) こうした考えは「シュレーバー症例」に見られるように，パラノイア患者が対象へのリビドーを離断し，それを自己へ撤収する様を仮定した所に端を発している。「パラノイアの患者たちはナルシシズムにおける固着をひきずってきている［……］昇華された同性愛からナルシシズムへの後戻りがパラノイアにとって特徴的な退行の総量を決定する」（Freud, S. 1911c, p.72/177）という一文もこの文脈を押さえておかないと理解できないだろう。
9) 昇華と理想化の区別に関するラカン（1986）の読解をパラフレーズする立木（2012a）によれば，昇華は象徴界と現実界に関わる過程であり，理想化は象徴界と想像界に関わる過程である（p.196）。

昇華とは対象リビドーに関わるプロセスであって、その本質は欲動が性的満足からかけ離れた別の目標へと突き進んでゆくことにある。その際強調すべきは、性的なものからの方向転換という点である。これに対して、理想化とは対象に関わる過程であり、この過程を通じて対象はその本性を変えることなく肥大化し、心的に高められる。理想化は自我リビドーの領域でも対象リビドーの領域でも可能である。だから、例えば対象の性的過大評価は対象の理想化である。昇華が欲動に関わる事柄を表し、理想化が対象に関わる事柄を表す限りにおいて、両者は概念的に区別されねばならない。

　自我理想形成はしばしば欲動昇華と取り違えられ、そのために理解が損なわれることがある。自らのナルシシズムを高邁な自我理想の崇拝と交換してしまった者は、だからといって自らのリビドー的欲動を昇華することに成功している必要はない。なるほど自我理想はそのような昇華を要求するが、それを無理やり手に入れることはできない。昇華とは特別なプロセスであることに変わりなく、その始動は理想によって刺激されはするものの、その遂行はこのような刺激にいささかも左右されることはないのである。他ならぬ神経症者においては、自我理想の発達と原始的なリビドー的欲動の昇華の度合いの間に、極端な強度さが見出されるし、一般に、リビドーの落ち着き先が間違っているということを理想家に納得させるのは、素朴で要求の控え目な人に同じことを納得させるよりもはるかに難しいものである。理想形成と昇華は、神経症を引き起こす原因との間にも、それぞれ全く異なった関係を持っている。理想形成は、既に見たように、自我の諸要求を強め、抑圧の最も強力な援護となる。これに対して、昇華は、抑圧を介入させることなしにこの要求が成就されうる逃げ道となる。（Freud, S. 1914c, pp.94-95/142-143）

◆ **メタサイコロジー諸篇**

　1915年にフロイトは、「メタサイコロジーを用意するために」という標題で単行本を出版することを目論んだ。それは「精神分析体系にとっての基礎づけとなりうるような理論的前提に明快さと厚みを与える」ことが目的であり（Freud, S. 1917d p.222/255）、12本の論考で構成される予定であった。そのうちの一つは昇華に特化して扱われるものであったようだが、実際に刊行されたのは、「欲動と欲動運命」、「抑圧」、「無意識」、「夢学説へのメタ

サイコロジー的補遺」,「喪とメランコリー」の5つのみであり,残りはフロイトの手によって破棄されてしまったと言われている(その後1983年に,12番目の未刊行論文「転移神経症の展望」(Freud, 1985a)の複写がフェレンツィの残した書類の中から発見された)。

この一連のメタサイコロジー諸篇の中で昇華について触れられているのは,唯一「欲動と欲動運命」においてである。この論考でフロイトは,まず欲動の性質,基本的仮説を振り返る作業をしている。中でも特筆すべきは,性欲動について「特徴的なことは,それらが互いに大々的に代理しあいながら出現し,その対象を簡単に取り換えることができる」(Freud, S. 1915c, p.126/177)と述べている点である。欲動の"代替可能性"とでも言うべき特性によって,欲動は昇華を成し遂げることが可能になるのである。

(3) 1920年以後(フロイト後期モデル)

◆『快原理の彼岸』(1920年)

精神分析における心理モデルの決定的な転換点となったこの著作において,フロイトはまず,それまで根幹に据えていた「快原理」(快を求めて不快を避ける)という原則が通用しない事象をいくらか報告する。例えば,苦痛であるに違いない外傷的な経験を反復する患者の観察である。最終的にフロイトは,快原理が優勢に働く生の欲動(エロース)に対して,あらゆる有機体がその原初状態に回帰しようとする死の欲動(タナトス)[10]の存在を仮定する。ここに至り,自己保存欲動と性欲動に分けられていた二つの欲動は,いずれも「生の欲動(エロース)」の範疇に入ることとなった。

昇華に関連するものとしてフロイトは以前の状態を復元しようとする欲動以外に,「それまで到達されていない状態を目指す欲動」,すなわち「完成欲動」の存在を考査している。それは「高度な精神的達成能力」や「倫理的昇華」にまで辿り着ける人間の営みの説明を目的としたものだが,結論としてフロイトは,「エロースの奮闘が抑圧の動きと一つになると,『完成欲動』に

---

10) フロイトの著作の中で,死の欲動が「タナトス」と表記されたことは一度もなかったが,ジョーンズも指摘するように(Jones, E. 1957, p.295),日常の会話ではこの呼称を用いていたようである。

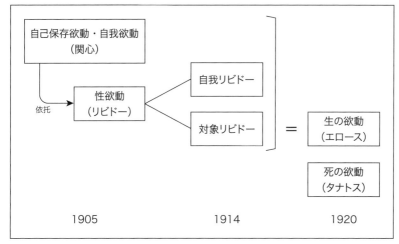

図1　フロイトの欲動論の変遷

帰せられるいろいろな現象が説明可能となるだろう」と述べ，その存在の仮定を退けている（Freud, S. 1920g, p.42-43/98）。

　ここで本論からは脱線してしまうが，フロイトがたびたび更新させてきた欲動論の変遷を上記の図1にまとめてみたい。1905年，1914年，1920年のいずれの時期においても，それぞれの欲動論は二元論の形をとっていることが分かるだろう。

◆『**自我とエス**』**（1923年）**

　代表作の一つでもあるこの著作では，自我・エス・超自我の三つの審級から成る第二局所論が提示されているだけでなく，昇華理論についても，大きな刷新が行われている。

　フロイトはまず，対象リビドーがナルシス的リビドー（＝自我リビドー）へと転換される際，性目標が断念され，リビドーから性的な性質が消えてしまうこと，すなわち脱性化が発生していると指摘する。この脱性化されたリビドーはより中立的で，より置き換え（移動）が容易な性質を持っており，以後，快原理に従って活用される。そしてこの脱性化されたリビドーを「昇華されたリビドー」と呼ぶようになる（Freud, S. 1923b, p.30/25, p.45/44）。

さらに昇華は，自我がエロースとの関わりにおいて用いる手段の一つとしても描かれるようになる。エロースの要求に応える最も直截的な手段は，性的満足によってその緊張を解くことである。しかしそれ以外にも，対象リビドーを自我リビドーへと転換し，自らの方へ撤退させ脱性化を起こし，うちに取り込む方法がある。そしてそれに同一化することによって，自我変容をもたらす。この取り込まれたエネルギーは脱性化されたものの，あくまで統合し結合するというエロースの主たる意図に従うため，自我の特徴や目標である統一性を作り上げることに利用される。それゆえフロイトは，このエネルギーを昇華されたエネルギーと称して差し支えないと言う[11]。

具体的な例を挙げてみよう。ある人が別のある人（有名人や尊敬する人）を理想的な人物として愛した時，リビドーはその人物に備給されている状態にある。さらにその人を（部分的，あるいは全体的に）取り込む同一化を行えば，それまで向けていたリビドーは脱性化され，自らの方へ取り込まれることになる。そしてその人物像が一つの雛形や型紙のような役割を担い，非性的になったリビドーが新たな非性的な目標へ向けられる際の指針となる。そうして昇華への可能性が開かれる。これの最たる例が，父親という規範との同一化によって超自我という内的審級が樹立されるプロセスである[12]。フロイトは，昇華のこの文脈の中で，超自我の残酷な特徴についての仮説を提唱する。父という規範を取り込み，同一化することによって，対象リビドーに備わっていたエロース的成分は，脱性化，昇華されてしまうが，それによって破壊欲動を拘束する力も失ってしまう。つまり，こうした欲動分離が生じることによって，攻撃傾向，破壊傾向が野放し状態になるのである（p.54-55/57）。「自我は，二種類の欲動の間で不偏不党の態度を取ることはできない。自我は，同一化と昇華の作業をなすことによって，エスのなかの

---

11) グリーンは，この部分に大きな矛盾が含まれていることを指摘している（Green, A. 1993, p.302）。というのも，一方で昇華は「エロースの遺産」を備えた欲動の運命でありつつも，他方では脱性化という，エロースの本性とは正反対に位置づけられる性質を持っているからである。
12) 論考「エディプス・コンプレックスの没落」においても，エディプス・コンプレックスにまつわる様々なリビドー追及が取り込まれ，同一化され，昇華へと導かれていくことが示されている（Freud, S. 1924d, p.177/306）。

死の欲動に加勢し，リビドーを制覇しようとするのではあるが，それによって，自らが死の欲動の対象となって死んでしまう危険に陥る」（p.56/59）という記述は，ここでの議論をまとめているだけでなく，1917年以来なされているメランコリー論について新たなメタサイコロジカルな理解を私たちにもたらしている。

　以上のように，『自我とエス』において昇華理論が大きく刷新されており，その限りにおいては，1923年を境に区別するべきだとするグラバーの指摘は適切なものといえる。ただし，その背景には1910年代の「シュレーバー症例」や「ナルシシズムの導入にむけて」で考察された対象リビドーの撤退に関する考えや，『快原理の彼岸』で導入された生の欲動と死の欲動の対立がある。またこの時期以降もここで導入された意味ではない，従来の昇華理論モデルをもとにして言及している部分も少なくない。むしろフロイトにおける新しい意味の昇華が使われている部分はごく限定的であり，そのような場合だけ注意して読む必要がある，と考えた方が，私たち読者にとっては有益だろう。

◆『文化の中の居心地悪さ』（1933年）
　フロイトが書いたものの中で最も読まれたとも言われているこの著作は，彼の一連の文化論の集大成である。文化論は他にも「『文化的』性道徳と現代の神経質症」（1908d）や「戦争と死についての時評」（1915b）などがあり，そこでは一貫して，人間存在と文化の関係が考察されている。人間が歴史の中で築き上げてきた文化には，人間を自然から保護し，人間相互の関係を規制するという目的があるが，フロイトは，その文化が極めて居心地が悪く，人間を不自由にし，破壊さえしかねない可能性も秘めている逆説的な事態を指摘する。こうした論調は，それまでの文化論に似通ってはいるが，個人の性欲動とそれを抑圧する社会との対立構図が語られた1908年の論考とは違い，死の欲動の概念が導入されている点には注意せねばならない。フロイトは，文化は個人の性欲動のみならず，攻撃性も抑制し，ゆくゆくは取り

込まれた超自我に起因する罪悪感となって個人を「居心地悪く」してゆくと主張する。

文化論であるゆえ，昇華に関する記述は少なからずあり，「昇華とはそもそも文化によって強いられた欲動の運命である」(Freud, S. 1930a, p.97/106) という命題も示されている。また，職業や労働について昇華と関連づける形で言及されている箇所も興味深い (p.80/87)。

しかしながら，理論自体の刷新は見当たらず，初期の昇華論からの変容はほとんどない。第二局所論のモデルが反映されているのは，超自我や罪悪感など，後半部分に語られているものだけのようである。

2. テーマ別探究

前節では，時代とともに移り変わるフロイトの理論，とりわけ欲動理論に呼応して，昇華理論がどのように変容していったかを確認した。本節では続いて，昇華が語られる際のテクストの文脈に注目し，フロイトがこの言葉を使うことによって，何を表現しようとしていたのかを探究したい。筆者が思うに，フロイトの言う昇華は，次に挙げる五つのテーマを巡って言及されている。

(1) 崇高かつ希少なもの

昇華の語源の一つである「崇高なるもの (sublime)」の意味は，フロイト後期の「脱性化はすなわち昇華である」とする文脈を除く，ほとんどすべての箇所について言える要素である（もっとも，脱性化され，性的でないものはすべて崇高だと考えるのであれば，これも例外ではなくなる）。それどころか，欲動論の含みがない単純に崇高なるもの，というだけの意味で使われている場合もある。例えば，シュレーバー症例における「太陽は父の昇華された象徴」という記述 (Freud, S. 1911c, p.54/185) や，「ある四歳児の連想」において，少女が発した「（子どもは）愛する神様がお創りになった」という言葉に関する記述である。フロイトは，子どもは父親の仕業であるという直接の思考を，それに相応しい昇華で置き換えた，と解釈している (Freud,

S. 1920d, p.266/282)。

　そして，フロイトにとって，昇華とは崇高であるがゆえに，その能力は全人類が遍く保持しているものではない。「昇華による制覇，すなわち性的な欲動エネルギーを性目標からより高尚な文化的目標へと逸らせることによる制覇は，少数の人にしか成功しないし，しかも，成功したとしてもおそらく一時的でしかない」（Freud, S. 1908d, p.193/265-6）という一文がそれを端的に表している。さらにそれは生まれもっての（性的）編成に依るところが多く（Freud, S. 1908d, p.187/259），個人差がある（Freud, S 1933a, p.134/176）。

　フロイトは，芸術活動や知的活動を昇華による社会・文化貢献として想定していたが，それは「ごくわずかの人間しかここに足を踏み入れることができない」のが痛い所だと考えている（Freud, S. 1930a, p.80/86）。そのような中，フロイトが想定する最も優れた昇華の能力を持っていた人物こそ，レオナルド・ダ・ヴィンチであり（Freud, S. 1910c），「人間がなしうる最高度の昇華」（p.122/78）という表現で讃えられている。一方，フロイトは女性を昇華能力が低い，もしくはその能力がないと考えていたようである（Freud, S. 1930a, p.113/103）。例えば，女性のことを「人間の性的な関心事の本来の担い手であって，欲動昇華の才はわずかしか持ち合わせておらず，子どもが乳飲み子のうちはともかく，成長してしまえば，もはや性対象に代わりうるものとしては充分ではなくなってしまう」（Freud, S. 1908d p.195/267-8）という風に記述しており，20世紀初頭の時代背景があるにせよ，女性蔑視としか見なせないものもある[13]。

(2) 欲動のその他の運命との関連

　メタサイコロジカルな観点から昇華が記述される場合，関連する欲動の運命として，抑圧，倒錯，反動形成などがともに取り上げられることが多い。

---

[13] 彼のこうした考えは，『続・精神分析入門講義』における「女性性」についての章でも変わりなく見られる（Freud, S. 1933a, p.134/176）。ただし，抑圧されたペニス羨望が昇華される可能性について言及している部分（p.125/163）は，新しい見解と言えるかもしれない。この点については，本書の第六章にて再び取り上げられることになるだろう。

欲動という仮説概念によって、人の様々な行動や性格、さらには症状や精神病理を説明する必要に迫られたフロイトは、欲動の辿る道をいくらか想定し、繰り返しその精緻化を試みている。

◆抑圧との関連

昇華の定義とは、抑圧されることを免れ、高次元のものへと突き進む運命となった欲動の姿である。このことは1909年にクラーク大学で行われた講演の次の部分に端的に表明されている。「早い時期に起こった抑圧は、抑圧された欲動の昇華を起こりえないものにします。抑圧を取り除いて初めて、昇華への道が再び開かれます。」(Freud, S. 1910a, p.54/167)

抑圧は（とりわけ初期の）精神分析において中心的な理論であったため、「抑圧とは違う運命を辿るもの」として昇華のことがしばしば取り上げられている[14]。ただ、ダ・ヴィンチに関する描写の際はやや複雑で、抑圧によって性的快の追求が押さえられ、それによってリビドーの大部分が知識欲へと昇華される、としている（その結果、性生活は不活発になり観念的な同性愛に限られてしまう）(Freud, S. 1910c, p.80/27-28, p.135-136/94-95)。実直にここの記述を読むと、抑圧と昇華が並列されるゆえ、上記の定義とは矛盾するように見えるかもしれないが、欲動という仮説的な存在がエネルギーの集合であり、ある部分は抑圧され、ある部分は昇華される、というように理解すれば、両者を区別することが可能になる。ダ・ヴィンチは、「欲動を抑圧しようとする実に特異な傾向と、原初的な諸々の欲動を昇華するうえで発揮される並外れた能力」(p.136/95)ゆえに天才と見なせるのである。

また「ナルシシズムの導入にむけて」の先に引用した箇所で自我理想の形成と昇華の違いが解説されているが、そこにも抑圧のあり方が示されている。それによると、理想形成は抑圧の強力な援護となる一方で、昇華は抑圧を介入させることのないプロセスである（Freud, S. 1914c, p.95/143)。

---

14) 後の文献の中には、抑圧を差し止めるプロセスが昇華なのかと推論している箇所も見受けられる（Freud, S. 1919e, p.182/124)。

◆ 倒錯との関連

　性欲動とは，その定義からして倒錯性を孕んでいる。なぜならば，倒錯とは正常な生殖以外の目標や対象をもつすべての性行為を指すからである。したがって，前性器期欲動あるいは部分欲動と言われるものは，そもそも生殖に仕えることができないという意味で，倒錯的である。そしてそれぞれの身体部位に応じた特定の快（部分欲動の満足）を追求する。

　性欲動の一つの運命としての昇華は，抑圧ではないのと同様，倒錯でもないあり方へ至る。「それら（諸々の性欲動）の興奮量の一部だけが性生活のために使われ，残りの部分は性目標から逸らされて，別の目標に向けかえられる。これがすなわち『昇華』と呼ばれるプロセスである。」（Freud, S. 1908b, p.171/281）

　倒錯と昇華が同時に記述されているフロイトのテクストに注目すると，倒錯的な部分を抑えこむことで，その分の性欲動を代わりに利用する，という論調[15]と，倒錯的な性質の欲動そのものが昇華されて，ある一定のあり方が生まれるという指摘がある。後者に関して言えば，例えば，制圧（支配欲動）や窺視的なエネルギーが昇華されて好奇心が生み出される（Freud, S. 1905d, p.194/248）ことや，肛門性愛が昇華されることにより，几帳面，倹約，強情などの性格が形成され（Freud, S. 1908d, p.171/281-282），強迫行動が示される（Freud, S. 1926d, p.116/43）といったものである。

　また，フロイトは同性愛的な態度の昇華についてもたびたび言及している。その結果，社会的感情が打ち立てられ，「性愛が友情，仲間意識，公共感覚，普遍的人類愛に結びつき，公益に寄与する」（Freud, S. 1911c, p.61/163）。それゆえ，多くの同性愛者が人類に普遍の利益をもたらしているのであるが，その理由についてフロイトは，「可能な愛の対象を他の男性に見る男は，男性の共同体に対し，男というものをさしあたり女性関係のライヴァルと見ることを余儀なくされるほかの男とは異なった振る舞い」（Freud, S. 1922b, p.232/355）をするからだと述べている[16]。

---

[15] 例えば，『性理論三篇』（Freud, S. 1905d, p.50/60）や「『文化的』性道徳と現代の神経質症」（Freud, S. 1908d, p.189/260-261）などを参照。

◆ 反動形成との関連

　反動形成と昇華は，現象的には同じものを指す場合が多い。実際に『性理論三篇』の「反動形成と昇華」の項目（Freud, S. 1905d, p.178/228）では，幼年期における性欲の動きは生殖機能が未発達なため性的目標から逸らされる，という意味でこの二つは並列に扱われている。性欲動が異なった，価値あるものへと変換されるという点においては，昇華も反動形成も，現象としては同様である。また，この著書のまとめ部分には，「昇華の亜種の一つと考えられるのは，おそらく，反動形成による抑え込み」（p.239/305）という見解も示されている。しかしながら，1915年に付された注では「一般的には，昇華と反動形成は異なる二つのプロセスとして概念的に区別するべきものである」と書き足されている。この言及の真意については，さしあたり次の二つの可能性が考えられるだろう。

　一つは，『精神分析用語辞典』にもあるように，反動形成が「欲動の両価性に内在する対立を自我が利用すること」（Laplanche, J & Pontalis, J-B. 1967, p.170/385）であるのに対して，昇華は置き換え可能性が高く，脱性化された特質に基づいて展開する現象ということである。両者とも自我が関与する点は変わりないものの，前提となっている欲動の性質が異なっているのが問題となっているのだろう。

　今一つは，フロイトの欲動論の変容である。1915年の時点でどこまで想定されていたかは判然としないが，後期の定義に従うと，昇華とは対象備給の撤退により対象リビドーをナルシス的リビドー（＝自我リビドー）に変換することである。一方，反動形成にはそのような含みはない。リビドーに関わるメタサイコロジーの問題として両者は区別されるのである。

(3) 治療論

　1909年2月9日，フロイトは，牧師であるフィスターに宛てて一通の手

---

16)「転移神経症展望」（Freud, S. 1985a）にも同様のことが述べられている。また，直接的な言及はないものの，ダ・ヴィンチの天才性も同様の文脈で理解できるであろう。

紙を書いている。以下はその一部である。

> 精神分析が恒常的に成功するかどうかは，次の二つの事柄が一致することにかかっています。すなわち，緊張の解放によってもたらされる満足の獲得と真の本能的な欲動の昇華です。［……］あなたの場合は，今時の葛藤に直面している若者たちがいますが，彼らは個人的にあなたに惹きつけられ，昇華のための準備ができているのでしょう。そして，その最も快適なあり方の昇華，すなわち宗教へ進んでいます。［……］しかし，あなたは彼らを神へと導くことのできる幸運な地位にいらっしゃいます。私たちにはこのような物事の解決法は存在しません。私たちの業界は，民族的な血統が何であれ，非宗教的ですし，私たち自身も少しずつ徹底的に非宗教的になりつつあります。私たちが，宗教の代わりとしている昇華という別の手段は，たいていの患者にとってあまりに困難なものであるのですが，私たちの治療は徐々に満足を見出すようになっております。(Freud, S. 1963a, p.16)

ここからは，フロイトにとっての昇華が，特定の人物における欲動の経路を解明するための精神病跡学的な概念であるばかりでなく，精神分析という治療手段においてもたらされる変化の一つとして，それも望ましい，成功した状態を表す言葉として使用されていることが分かる。昇華のこうした視点は本書の目指すところであるが，残念ながらフロイトはその手段について，厳密には検討していない。昇華が治療に関連して言及されるのは下記の二つの文脈に限られているといえる。

◆昇華を促す治療に対する警告

フロイトは精神分析技法について十余りの論文を残しているが，その中の一つで，治療上生じうる様々な問題点について，いくらかの注意を喚起している[17]。そうした注意のうち，治療者が患者に昇華を促すことに関して言

[17) 他にも，精神分析運動から離脱したばかりのユングを批判する文脈で同様のことが記載されている。フロイトは，性的なコンプレックスからリビドーを引き剥がすことを治療上の課題としているユングに対して，「コンプレックスを追い払ったり，昇華を迫ったりするだけでは決してうまくいかない。そのためには，それらに立ち入って取り組み，全面的に意識化する他ないのである」(Freud, S. 1914d, p.66/113) と厳しく批判している。

及している以下のような一節がある。

> 神経症者に昇華を過剰に迫り，手ごろで安易な欲動満足を奪ってしまうなら，そうでなくとも困難に感じられている生活はたいてい，より一層困難なものとなるだろう。［……］その上考慮されなくてはならないのは，多くの人は，自分の欲動をその組織編成上許容された程度以上に昇華しようと試みて発症したのであり，昇華能力をもつ者にあってはこの昇華プロセスは普通，昇華に対する制止が分析によって打ち砕かれるや否や，おのずと遂行されるものだということである。それゆえ私は，分析的治療を決まって欲動の昇華のためにしようと奮闘するのは確かにいつだって賞賛に値するが，しかし，あらゆる場合に推奨できるものでは決してない，と思っている。(Freud, S. 1912e, p.119/256)

この論文そのものがそうであるように，この引用部分についても，これから精神分析治療を実践しようとする初心の医師たちが読者として想定されている。しかしながら同時に，このような警告は，フロイト自身が冒してしまった失敗に基づいて発せられているようにも思われる。フロイトの後に狼男の治療を受け持ったブランズウィックが報告しているところよると（Brunswick, R. M. 1928, p.464/222-223），フロイトは法律を勉強して父親の志を継ごうとしている患者の意図に反対し，同性愛を昇華させる方法として政治経済を学ぶように迫っていたようである。他にも，後世の様々な調査研究によって，技法論文の中では「中立性」，「受身性」，「分析の隠れ身」などを強調していたフロイトも，実際には患者に経済的援助をしたり，食事を共にしたり，息子の話をするなどといった行動化に走っていた事実が明らかになっている。フロイトは，自分自身の臨床実践に対して襟を正すような気持ちで技法論文の筆を進めていたのかもしれない。

◆ 転移との関係

転移とは何か。それは，分析が進みゆく中で呼び覚まされ，意識化されることになる感情の動きかつ空想の装いを新たにした再版本であり複製品であ

る。しかもこの転移という領域に特徴的なのは，以前の人物が医者という人物によって代用されることである。[……]これはただ単に新たに刷り直しただけであって，内容に変更はないのである。それとは別にもっと巧妙に作り出された転移もある。内容の中和，つまり私の言うところの昇華が起こっている転移である。(Freud, S. 1905e, p.116/152)

　このくだりは，精神分析史上初めて「転移（Übertragung/transference）」という言葉が使われたことで知られている。ここでフロイトは，ドラがK氏に抱いていた性的な感情の再版本・複製品を，医者であるフロイトに対して抱いた，と説明している。その際の再版・複製のあり方が昇華されていた，ということであるが，これは一見すると単なる「崇高」あるいは「洗練された」という意味合いに過ぎないようにも見える。だがむしろ，（直接的な性的な表現ではない）「脱性化された」という意味で捉える方が妥当であろう。『精神分析入門講義』においても，若い女性患者が年上の男性医師に対して向ける転移のあり方について次のように記述している。

　　愛人になりたいという欲望の代わりに，お気に入りの愛娘とみなされたいという欲望が出てくることもありますし，リビドー的努力が和らげられて，離れがたいが理想的に非官能的な友情といった申し出になることもあります。女性たちの中には，転移を昇華させ，これを変形させて，これに一種の存続能力を持たせる術を心得ている人もいますし，転移を，そのもともとの粗野な形，ほとんどの場合いかんともしがたい形のまま，表出せねば収まらないような人もいます。(Freud, S. 1916-1917, p.442/534)

　つまり，転移とは感情の原版に対する，再版本や複製品であるゆえ，治療上医師に対して表出されるその形態は，脱性化された，昇華された姿となりうるのである。ナシオはこの点を踏まえて，昇華とは治療における過剰な恋愛転移に対する防衛の一つであると要約している（Nasio, J-D. 1988, p.129/118）。
　ところで，昇華を転移という治療場面において起こる現象に結びつける視

点は，本書にとっても示唆に富むものである。というのも，昇華とは後の章で規定するように，原初的な満足を代替する方法の一種だからである。

(4) 文化論

　昇華は，欲動が文化的に受け入れられるものになって初めて昇華たりうるゆえ，この要素は欠かすことができない。フロイトは精神分析が社会や文化へ及ぼす影響を大いに意識していたこともあり，文化論を語る際はたびたび昇華を持ち出している。例えば「性愛生活が誰からも貶められることについて」の最後の部分で，性欲動の要求と文明からの要請との調停の不可能性を論じつつも，性欲動の昇華によって偉大な文化的達成がなされるという可能性を述べている（Freud, S. 1912d, p.190/244）。

　しかし，序章でも触れた昇華の定義に必ず付随する「社会的・文化的に価値あるもの」という点の曖昧さが，文化論を語る際に，ひときわ難しい問題として立ち現れてくる。フロイトは昇華を芸術活動や知的活動に主眼を置いて語っていたが，時代や地域が変われば価値があるとされるものも変わることは，私たちの日常的な感覚からも容易に想像される。フロイトも正常な性の境界をどこに設定するべきかを吟味する文脈の中で，優れた文化が繁栄した古代ギリシアでは，現代とは異なり男性の同性愛が高く評価されていたことを挙げている（Freud, S. 1905d, p.50/59）。また同じ時代や地域であっても，評価する者によって価値の高低はいかようにも変わりうる。しかし，その疑問はフロイトによっては解決されなかった。この点については第三章にてまた立ち戻ることにしよう。

　ところで，フロイトは文化の中でも，特に宗教が昇華に対して果たしている役割の大きさを指摘している。『ある錯覚の未来』における「宗教上の教義のおかげで概念的な精錬や昇華が可能となり，これで原始的で幼児的な思考の痕跡をとどめているものの大半は払い落とされてしまいます」（Freud, S. 1927c, p.52/59）という言葉はそのことを端的に表しているが，「狼男」の症例ではこのことがより具体的に提示されている。狼男は，自分に去勢の脅しをする恐怖の存在であると同時に深い愛を注ぎたい対象でもある父との複

雑な関係や自分が父に抱くマゾヒズム的な態度に対して，自分をキリストに，父を神に見立てることによって解決している．これはキリストが受難に耐えながらも神を愛するという一つの確立された型に，自らの愛を嵌めることで実現した昇華である．つまり「宗教は小さな落伍者に対して，満足，昇華，官能から純粋精神過程への転換，信者に差し出す社会関係の開示，これらを混ぜ合わせることによって，その務めを果たした」（Freud, S. 1918b, p.115/122）のである．フロイトはまた別の箇所で，人格神とは心理学的には父が高みに祭り上げられたものであると断言しているが（Freud, S. 1910c, p.123/79），それは元を辿れば性的なものに行きつき，「神々の無数の姿かたちは，性器としてのその本質を昇華させることで立ち現れてきたもの」（p.97/47）と述べている．

また，教育の力が，反社会的で倒錯的な欲動を好ましい道筋へと反動形成・昇華することも述べている（Freud, S. 1913j, p.190/233-234）．これは神経症の個別的な予防としての教育の役割に期待している一節である．

(5) 攻撃性の昇華

フロイト自身は，刊行された著作や論考の中で攻撃性が昇華される旨を理論的に定式化したことはない．昇華とは常に性欲動が問題となる事柄である[18]．

しかしながら，彼がマリー・ボナパルトへ送った1937年5月27日付の手紙からは，フロイトが攻撃性の昇華について如何に思索を巡らせていたかが伺われる．手紙文には，昇華のみならず攻撃性にまつわる様々なメタサイコロジカルな推敲が展開されている．その全文を以下に示してみよう（Jones, E. 1957, pp.493-494）．

---

[18] ただ，唯一，狼男の症例報告の中に見られる「思春期が近づいたために当時マゾヒズムより優位に立っていたサディズムは新たに，そしてより良く昇華されることになった」（Freud, S. 1918b, p.69/72）という文面からはフロイトが攻撃性の昇華を想定していた節も認められなくはない．とはいうものの，理論的な精査がないだけでなく，（時折見られる）単なる「崇高なもの」という意味合いで受け取れなくもないゆえ，彼の真意は判然としない．

親愛なるマリーへ

　私は（攻撃性に関する）あなたのご質問に答えたいと思います。全般的にこの主題はいまだ注意深く考慮されたことはありません。私がこれまでの著作の中で述べたことは、非常に時期尚早かつ深みのないものであり、ほとんど注目に値しません。

　昇華は、価値判断を理解する一つの概念です。実際、昇華が意味するのは、より価値ある社会的な実現が可能になるような別の領域への応用です。そのため、破壊や搾取といった目的から離れ、別の実現へと矛先を変えるという似たような迂回も、大いに論証可能であることを認めなければなりません。これは破壊本能に関するものです。変化を促しそれを実現させるあらゆる活動は、ある程度は破壊的なものですし、それゆえ本能の一部を、もともとの破壊的な目標から遠く離れたところへ導きます。性的な本能でさえ、周知の通り、いくばくかの攻撃性なしに作用することはありません。したがって、二つの本能の通常の結びつきの中には、破壊本能の部分的な昇華があるのです。

　最後に、攻撃的・破壊的本能の完全な昇華としての好奇心や探索衝動について考えることができます。概ね、知的生活において、本能はおよそ差別、拒絶、糾弾といったものの動因としての大きな重要性をもっています。

　攻撃欲動の自己への向け換えとは本来、自我から対象へと、外界へ進むリビドーの埋め合わせです。非常に図式的ではありますが、人生の最初においては、あらゆるリビドーは内側に、あらゆる攻撃性は外側に向いていて、人生の過程で次第に変化していく、と想定することができます。しかし、きっとこれは間違っています。

　攻撃性の抑圧は、理解するのが最も困難な部分です。周知の通り、「潜在的な」攻撃性の存在を打ち立てるのは容易です。しかしながら、それが抑圧によって潜在的になるのか、あるいは何か別のあり方によってなのかは、明確ではありません。通常生じるものとは、こうした攻撃性が逆補償（counter compensation）のために、すなわちエロティックな備給のために、潜在的になり抑圧されるということです。そしてこれとともに、いまだに困惑させられる両価性のテーマに近づくのです。

　このような講釈となってしまったことをお許し下さい。

　　　　　　　　　　　　　　　　　　　　　　　　　　　心を込めて
　　　　　　　　　　　　　　　　　　　　　　　　　　　フロイト

この手紙からも，晩年のフロイトが如何に攻撃性や破壊性などについて持て余していたかが読み取れる。もちろん書き手自身が試行錯誤しながら綴っている内容から，フロイト最晩年の昇華理論として措定するのは無理があるだろう。しかしながら，性欲動の場合と同じように，攻撃性を起源にもつ様々な価値ある行為や現象に注目し，それを昇華という言葉で表そうとしていた意図は伺われる。この語法は第二章でも見てゆくように，クラインやメニンガーが積極的に使っていったものである。さらには，二つの本能・欲動の結びつきなどに関する記述からは，自我心理学においてハルトマンやクリスらが打ち立てる中和の理論の萌芽を見ることもできるだろう。

3. 小考察

(1) 昇華の二要素

　ここまで，フロイトにおける昇華理論の展開を，1920年に一つの区切りを入れることで見てきたが，両時期に共通する昇華の要素を挙げるとしたら，どのような要素を抽出することができるだろうか。つまり，フロイトが創造した昇華という術語の概念を構成する要素は何であるのだろうか。それはつまるところ，（i）「脱性化」と（ii）「社会化」の二点に集約できるように思われる。

　（i）「脱性化」とは，フロイト前期モデルにおいては，単純にリビドーの性的な性質を剝ぎ，別の目標や対象に置き換えるということである。その背景には，フロイトの言う「性欲動に特徴的なことは，それらが互いに大々的に代理しあいながら出現し，その対象を簡単に取り換えることができる」（Freud, S. 1915c, p.126/177）という基本的な発想がある。この性格ゆえに，欲動は本来的な目標と想定されるもの，すなわち性的な満足を得られない場合でも，それを諦め，異なる満足で手を打つことができる。フロイト後期モデルにおいても，メカニズムこそ異なるものの（対象に備給されたリビドーが撤退されることによって中立的なエネルギーが生まれるというメカニズ

ム)、「脱性化」の特徴は変わらない。生の欲動におけるエロースの性質を保ちつつも、性的な要素が削られた状態で欲動が賦活されるのが昇華である[19]。

(ii) の「社会化」とは、脱性化された性欲動が「社会的・文化的に価値あるものへと転換されること」を指している。この点が昇華理論を曖昧かつ厄介にしているのだが、フロイトはこの部分に天才や偉人の業績の成り立ちを見出した。またその際、自我理想という内的審級が大きな役割を果たしている。

(2) 昇華理論の複雑化

さて、こうした二つの要素をもつ昇華理論が、時代を経るにしたがって、複雑になり、そのメカニズムも煩雑になったのは明白である。その直接的な原因は、グラバー (Glover, E. 1931) やメルツァー (Meltzer, D. 1973) の指摘を待つまでもなく、第二欲動論と第二局所論が導入されたことにある。後期に至って、昇華のメタサイコロジカルなモデルは単一とは言いがたいものとなってしまった。

欲動が「脱性化された」ことを「昇華された」こととして等号で結ぶ時、まず定義に含まれている「社会的・文化的に高い価値のあるもの」という要素が薄らいでしまう。なるほど、脱性化された後に社会的・文化的に価値あるものへと変容するというニュアンスに読めそうな部分も存在するが (Freud, S. 1923b, p.30/25-26)、脱性化された後どのような運命を辿り、社会的・文化的な活動に展開するかは明記されていない。次節でも論じるように、昇華がより月並みな心的現象を記述するものへと変化することにも繋がっているようである。

---

[19] ここには、攻撃性の昇華は想定されていない。もし、生の欲動だけでなく、死の欲動、破壊性、攻撃性の昇華も考えるならば、筆者が「脱性化」とした要素は「脱欲動化」、あるいは「脱本能化」などとするのが適切かもしれない。

(3) 昇華の担い手は誰か？──天才論としての昇華

　フロイトは，精神分析の創始者であるだけでなく，幅広い事柄に関する深い造詣と関心を持っていた文化人であったことも知られている。彼の教養深さは，著作のどの部分を読んでも分かるほど至るところで滲み出ている。そして，文化人としてのフロイトは，ゲーテ，ミケランジェロ，レオナルド・ダ・ヴィンチなど，いわゆる過去の偉人たちに対して絶えず敬愛の念を示していた。その一方で，ユダヤ人であることの劣等感からか，大学教授職や各賞などの名誉を心から望んでいたと言われている。1930年のゲーテ賞受賞に際しては，自分がゲーテと結びついたことが特別に価値ある名誉だと言い，大変喜んでいたことが伝記にも残されている（Jones, E. 1957, p.161）。フロイトは，歴代の天才たちに自らを重ね合わせていたのかもしれない。

　精神分析はもともとヒステリーの治療から生まれたものであり，その理論は神経症を中心とした心のあり方を理解するためのものであった。その根幹に据えられたのは，無意識の概念であり，性理論である。昇華理論の存在は，性理論の応用でありながらも，神経症患者に留まらない，高尚で崇高な文化の担い手となる天才たちの所業を説明可能にする点で特筆すべきものと言えないだろうか。すなわち，神経症を患う患者たちも，歴史に名を残す偉人たちも，いずれもがフロイトの性理論の手の内に収められるようになったのである。このことは，過去の偉人たちに並々ならぬ敬愛を抱いていたフロイトにとって，栄光ある理論的な達成だったと言えるかもしれない。

　昇華の概念が当初より，理論的な曖昧さを携えており，ややもすると詩的でさえあったのは，この語を使うようになった書き手が，このような情熱に動かされていたからかもしれない。実際に，精神分析理論全体の精密さが向上することによって真っ先に論理的な欠陥を見せ始めたのは，昇華の担い手に関するものであった。というのも，対象リビドーが自我リビドーへ向けかえられることを昇華としてしまえば，理屈上は，天才どころか，パラノイア患者や統合失調症患者も含め，誰でも果たせることになる（もちろん，天才と精神疾患は往々にして重なり合うものである）。リビドーが脱性化されることを昇華と捉える文脈は，昇華が，崇高とは無縁の，一般的で月並みな心

的機制となることを後押しした。

　しかしながらフロイトは，晩年になっても，昇華は天才のみにしかできないことを再度強調しており，例えば，1933 年『文化の中の居心地悪さ』においては天才論としての昇華を捨てていないことがはっきりと分かる。1923 年『自我とエス』にて，昇華理論の刷新を行っておきながら，そのモデルを採用しなかったのである。そこにはひょっとすると，天才論としての昇華の領野を維持しようとするフロイトの夢があったのかもしれない。仮に，昇華を誰でも成し遂げられる，平凡な心的プロセスに価値下げしてしまえば，過去の偉人たちを特権的に捉えて理解できるこの術語の魅力は色褪せてしまうだろう。それは，彼らとの距離を縮めようと願ってやまなかったフロイトの夢を自らの手で放棄することにもなりかねない。フロイトのテクストの中で，この言葉に出会った時，私たちが多少の混乱に陥るのは，著者自身がこの概念に対して抱いていた複雑な葛藤が関係しているのではないだろうか。そのような意味でもやはり昇華はフロイトにおける重荷なのである。

　第二章では，フロイト以後の精神分析家がどのように昇華理論を扱うようになっていったかを見てゆくが，ほとんどすべての分析家が，昇華を天才だけが成し遂げられるものではなく，むしろ一般的で，あらゆる人間に開かれた心的プロセスとしていることが分かるだろう。彼らは，フロイトほどには，天才や偉人に対して特別な思いを抱いていなかったようである。

第二章　フロイト以後の昇華理論

　グラバーは，フロイトが存命している時代の昇華研究としては最も高い水準の論考を残している。その内容は非常に網羅的で緻密だが，最終的には「現状では，拘束力ある定式化を試みることはどのようなものであってもできない」(Glover, E. 1931, p.294) と述べており，理論的な一貫性に欠くことが結論づけられている[1]。第一章では，フロイトの思想の中の根幹に据えられる欲動理論が変更されるに伴い，昇華理論が複雑になってゆく姿があらわになったが，それらも含めこの用語に内包されている矛盾は，グラバーの徹底的な考究をもってしても解決されなかったということである。この傾向は，精神分析が新たな時代を迎えることによってさらに顕著になる。

　そもそも，フロイト以後の分析家は，昇華という言葉をフロイトと矛盾せずに使用することにはこだわらなかった。時には，「デウス・エクス・マキナ (deus ex machina)[2]」(Jones, E. 1941, p.203) や「万能用語 (omnibus term)」(Brierley, M. 1947, p.91) と呼ばれることもあったものの，いずれも自身の臨床経験や理論形成に応じる形で使われていった。これは昇華に限ったことではなく，あらゆる精神分析用語に言えることであり，後世の分析家はフロイトを超えた理解や深みを問い続け，それを示し続けたからこそ精神

---

1) この論考に対するラカンの批評は，(いつものように) 酷なものである。「この (グラバーの論考の) 展望の結果は驚くべきものです。あらゆる分析理論を隅から隅まで展望したところで，明白に示すことができるのは，結局は実践の中で昇華という概念を使おうとすると，このテクストに満ちているような矛盾が必ず問題になってしまうということなのです。」(Lacan, J. 1986, p.133/ (上) 166)
2) デウス・エクス・マキナとは，戯曲などの困難な場面で突然現れて不自然で強引な解決をもたらす人物や事件のことである。

分析は発展したと言える。それゆえ、各々の分析家がどういう背景のもと、どのような現象をみてその言葉を使ったのかを考えなくてはならない。

その場合、まず押さえるべきなのは、その分析家の背後にある精神分析史的な文脈である。周知の通り、ウィーンで産声をあげ発展した精神分析は、その後ブダペスト、ベルリン、そしてロンドンへと広がった。さらに、第二次世界大戦の戦火（およびナチスによるユダヤ人の迫害）を通じて、精神分析家たちの活動拠点は世界中、とりわけヨーロッパ諸国やアメリカ大陸に移っていった。

精神分析の性質上、各々の精神分析家がどの地域のどの集団で、誰の影響を受けたかは、その人物の個人史と同様に重大な問題である。もちろん、クラインやウィニコット、ビオンやラカンのように、明らかにそれまでにない新しい実践方法や理論体系を生み出した精神分析家も存在する。しかし、彼らは圧倒的に稀有な存在であるし、彼らでさえ、多くの先人たちの影響を受けていることは疑いがない。精神分析家が育成されるためには、ある程度同じイデオロギーを共にする集団の存在が欠かせないだけでなく、精神分析の営為そのものが誰か別の人間から受ける精神分析体験に基づいているからである。

それゆえ、他の精神分析理論や概念と同様に、昇華理論においても、その展開を年代順にただ追っていくだけでは十分ではなく、どのような地域や学派の中で醸成されたものかを区別して考えてゆかねばならない。本章では特筆すべき展開を見せた自我心理学（主にアメリカ）、対象関係論（イギリス）、フランス精神分析の三つに焦点を当て、各々における昇華理論の展開をレビューしてゆきたい。

1. 自我心理学

第二次大戦後、世界各地へ拡がることとなった精神分析活動の中でも最も栄華を極めたのは、アメリカの地で展開し、「正統派」と称された自我心理学の流れである。精神分析がどの時代のどの地域においても、おおよそ傍流

であり続ける中，自我心理学は精神分析の枠を超え，広く精神医学，心理学において中心的な役割を担った。そこで理論的基礎に据えられたのは，ある種の自律性を持ち，独立した主体性を発揮する自我の機能である。そして分析実践では，自我がエスや超自我といった内部からの脅威と闘いつつも，外的環境へ適応してゆくことに焦点が当てられた[3]。

このような理念が興隆した背景には，おそらくプラグマティックなアメリカ社会の風習があったと推察されるが，そこにおいて本能を社会的・文化的なものへと変換する昇華の機制が注目を集めたのは想像に難くない。自我心理学では世の中が第二次大戦に入っていく以前から，フロイトの欲動論を理論的に考察し再検討することや，芸術家や精神病患者の素材を用いて創造性に関する昇華を考察することが試みられた。その中には例えば，冒頭にも挙げたグラバーや芸術への昇華を考察したレーヴィー（Levey, H. B. 1939）などがいるが，他にも，昇華されるのは前性器期の衝動のみと結論づけたデリ（Deri, F. 1939）や精神分析を人類学の分野に応用したローハイム（Róheim, G. 1943）[4]，さらにこの議論を受ける形で昇華プロセスを考察したベルグラー（Bergler, E. 1945）[5] などがいる。

本節では，中でも自我心理学の世界に大きな影響を与えたアンナ・フロイト[6]，フェニケル，そしてハルトマンの三人に絞ってその昇華理論を見てゆきたい。その後，昨今アメリカにて興隆しつつある，自己心理学や関係学派における動向について触れることにしよう。

---

[3] 言うまでもなく，このような方針の背景には，『自我とエス』の「自我は三つの奉仕の仕事を負わされており，その結果，外界からの危険，エスからの危険，および超自我の厳格さからの危険といった三つの危険に脅かされている」（Freud, S. 1923b, p.56/58）という一文に要約される考えがある。
[4] この論文で著者は，様々な臨床例や自身のオーストラリアでの体験を通して昇華のメカニズムについて考察している。
[5] 彼は原葛藤，防衛，超自我とのやりとりを通じて最終的に妥協として昇華が生成される様を五つの段階で示している。
[6] アンナ・フロイトは，1938年に父フロイトと共にロンドンへ移住し，その地に永住したが，生涯にわたって米国自我心理学に影響を与えた。

(1) アンナ・フロイト

自我心理学の金字塔『自我と防衛機制』には次のような一節がある。

> あらゆる本能は、ただ一つの運命、すなわち、満足を求めることしか知らない。私たちは、実践において非常によく知られ、またこれまでにも精神分析の理論的な著書の中で網羅的に記述されてきた九つの防衛手段（退行、抑圧、反動形成、隔離、打ち消し、投影、取り入れ、自己への向け換え、反転）に、十番目のそれを付け加えねばならない。それは神経症の研究というよりもむしろ健常者の研究にふさわしいもの、すなわち昇華、あるいは本能的な目標の置き換えである。(Freud, A. 1936, p.47/56)

この著作において特筆すべきことは、昇華が防衛の一つとして位置づけられたことである。もちろんフロイトにおいてもその側面が認められることもあるが、アンナ・フロイトは自我を中核に据える理論体系の中に昇華を組み込んだのである。

アンナ・フロイトは様々な防衛機制の特徴を描く中で、それが発達のどの時期に使われるかについても言及している。例えば、退行、反転、自己への向け換えなどは人生初期に得られる防衛であるが、昇華は比較的後期に得られるものと考えられているようである。というのも、昇華は「本能的な目標をより高次の社会的価値に合致するものへと置き換えることなので、その前提として、その価値について知っている必要があるからである。すなわち、超自我の存在が絶対条件なのである」(p.56/65)。

(2) オットー・フェニケル

1945年に出版された浩瀚な著書『神経症の精神分析理論』は、フェニケル最大の業績であると同時に、当時自我心理学内における教科書としての役割も担っていた。彼もアンナ・フロイトと同様、防衛の文脈で昇華を扱っているが、その定義は極めて明瞭である。防衛を、成功した防衛と失敗した防衛とに分類する彼は、昇華について次のように述べている。

成功した防衛は昇華の項に位置づけられることになるだろう。この語は特定の機制を指すものではない。受動性から能動性への変容（a change from passivity to activity），主体への向け換え（a turning round upon the subject），対立物への反転（a reversal of aim into its opposite）など，多様な機制が成功した防衛に用いられている。共通する因子は，自我の影響のもと，目標か対象が（あるいはその両方が），適切な放出を妨げることなく，変容していることである（昇華の定義に通常含まれている価値の要素は除外した方が良い）。昇華は，逆備給を使用する防衛とは区別するべきである。昇華された衝動は，人工的な通路に排泄されるとはいえ，その出口を見出す。その一方で，その他の衝動は出口を見出さない。昇華において，もともとの衝動は消滅するが，それはそのエネルギーが代替物へ備給することで撤退するためである。その他の防衛においては，もともとの衝動のリビドーは高度な逆備給によって阻止されたままである。(Fenichel, O. 1945, p.141)

以上の引用から分かるように，フェニケルにとっての昇華とは端的に，成功した防衛を意味する。「価値の要素は除外した方が良い」と言っているため，厳密に検討するならば，何が成功した防衛で何が失敗した防衛かは判断できない問題になるが，その基準はおおむね適応的に機能しているかどうかであろう。社会適応が最大の主眼となった自我心理学において，この昇華の定義は広く共有されるものとなった。

さらに，その定義に基づいて「性格障害」の章では，昇華と反動形成の違いについて考察している。第一章でも触れたように，フロイトは両者が異なることを明記しただけで，詳細な区別は示していなかったが，フェニケルはここで独自の区別を提唱している。

フェニケルによると，性格傾向には「昇華型（sublimation type）」と「反動形成型（reaction type）」の二つがある。前者は原初的本能衝動（an original instinctual impulse）が目標・対象が変化した後，自由に解放されるものであり，後者は原初的本能衝動が反対の形の性格態度となる防衛の型である。昇華型とは，つまるところ，成功した抑圧を意味するが，その最良の例として挙げられているのは，「異性の親に同一化し，衝動エネルギーを

中和し，超自我の確立が行われること」（p.471）である。それに対して，反動形成型は恐怖症的態度をとるものや，過度に感情的になるものであるが，いずれも本能エネルギーが解放されておらず，防衛として成功していない。「昇華とは成功した防衛である」と定義するフェニケルの捉え方がここでも一貫した形で提示されている。

(3) ハインツ・ハルトマン

　自我心理学内において最も緻密な考察と体系だった昇華理論を展開したのは，ニューヨーク精神分析協会のトップに君臨していたハルトマンである。彼は，それまでの昇華理論を批判的に振り返った上で，昇華の機制を彼自身の自我機能の理論，すなわち自律的な統制機能を有する自我の理論に収斂させることを試みた（Hartmann, H. 1955）。彼の理論的な準拠枠は，フロイト後期の第二局所論（自我，エス，超自我という三つの審級から成る心的構造論）を継承しているものの，そこで描かれる自我はエスから分化したものではなく，生得的に自律性を持ち，内界からも外界からも独立した主体性を持っている。この理念は，主著『自我心理学と適応の問題』で既に提示されているものであり（Hartmann, H. 1939），自我は生物学的な発達を基礎としながらも，内的環境，外的環境への適応を目指してゆく。この際自我によって用いられるのが，昇華されたエネルギー，中和（neutralization）されたエネルギーである。

　中和の概念は，フロイトが『自我とエス』の中で，生の欲動（エロース）と死の欲動が融合する（あるいは，混ざり合う，化合する）する可能性について仮定したことに端を発している（Freud, S. 1923b, p.41/38）。それによってそれぞれの欲動は生来の特性を失い，置き換え（移動）可能なエネルギーとなる。すなわち，生の欲動からは性の要素が消え，すなわち脱性化され，死の欲動からは攻撃欲動の要素が消える。そして，第一章でも引用したように，脱性化したリビドーは昇華されたリビドーと見なされるようになる。

　こうしたエネルギーの変容こそが中和であり，自我心理学内では昇華の文脈で発展していくことになった。例えば，メニンガーは，昇華とは「攻撃

的な傾向にセクシュアリティが加えられて初めて完成する」(Menninger, K. 1942, p.197) と考えている。具体的な昇華の例として，恋人を失ったことで負った心の傷を癒すべく看護婦になる女性の話が挙げられているが，この女性の場合，性的エネルギーの昇華が起こっているわけではなく，彼女の失意，怨恨，破壊的衝動の昇華が，性的エネルギーの注入によって実現しているのである[7]。

このような発想にハルトマンは全面的に賛同しているが (Hartmann, H. 1955, pp.17-18)，彼はそれをさらに一般化させた形で，リビドーや攻撃性のエネルギーが本能的な性質を消失し，非本能的なものへと変容されること，すなわち脱本能化 (desinstinctualization) され，中和されることを昇華と捉えた[8]。自我はその後，こうして変容したエネルギーを様々な心的過程に対して配分し，より優れた適応を目指してゆく[9]。自我心理学における昇華は中和の概念に取り込まれる形となり，自我機能の強化，適応を目指す自我心理学にとって，昇華はその好ましいあり方として中心的な存在に位置づけられたと言うことができる。

---

[7] 昇華において重要なのは，性的なエネルギーよりもむしろ攻撃的な傾向であると主張するメニンガーにとって，正常な人間とは，制御せねばならない攻撃性がない人間ではなく（そのような人間は存在しない），攻撃性を上手く扱い，充分な性的要素を織り交ぜることのできる人間である。逆に，正常ではない人間は，攻撃性を首尾よく管理することができず，他人または自己に向かってそれを示す。他人へ向ける場合は，残忍性，盗癖，殺人，立腹させる，といった形の表現をし，自己へ向ける場合は，抑うつ，神経症，自殺といった形態を取る。そして数ある攻撃性の表現形態の中でも，太古より最も優れたものが仕事と遊びであると考えており，「患者が病気になるのは，あらゆる昇華が失敗に帰し，働くことも遊ぶこともできなくなった時である」(p.272) と述べている。それゆえ精神分析治療で目指すことは，それまで昇華し損ねた攻撃性を別の方向へ再導入することに他ならない。以上のような見解は，犯罪者を処罰するのではなく治療の対象にすべきだと，生涯一貫して主張し続けていたメニンガーらしいものと言えるだろう。
[8] この議論を引き続いたクリスは中和と昇華とを区別し，前者はエネルギー変容を表すもの，後者は目標の置き換えを表すものとしている (Kris, E. 1955, p.30)。
[9] 心的なエネルギーはその形態や配分が一時的に移ろい続けるものであり，クリスはそれを「エネルギーの流動性」(energy flux) と名づけている (Kris, E. 1952)。ハルトマンの議論はこの発想に基づいている。

(4) 自己心理学と(対人)関係学派

先にも述べたように，1940年代から50年代にかけて，アメリカでは精神医学をほとんど飲み込んでしまうほどの勢いで精神分析が一世を風靡した。しかしながら，その後，薬物治療モデルや認知療法・行動療法などの興隆によって，その勢いは急速に失われていった。無論，それによってアメリカの精神分析文化が消えてしまったわけでなく，昨今では自我心理学に加えて，コフートによって創始された自己心理学，そしてサリヴァンらによって形成されていった(対人)関係学派が興隆している。

さて，これらの学派においては，全くと言っていいほど昇華の概念が表に出ている様子がない。もちろんコフートなどが，昇華という言葉を時折使用してはいるものの，特別な意味合いを含ませたり，新たな理論構築のための再考察を行っている気配はない。筆者の知る限りでは唯一，レーウォルドが昇華理論の研究に取り組んだ著作を出版しているが（Loewald, H. W. 1988），これは巻末で本人自身が述べているように，未完成で断片的なものに留まっている（p.82）。

昇華理論が語られなくなった背景には，やはりアメリカ精神分析において，欲動論がその理論的な基盤として依拠されなくなったことが大きい。関係学派の掲げる「欲動から関係へ」というスローガンはその象徴である。また，多大な影響力をもったフェニケルやハルトマンが，昇華を「成功した防衛」あるいは「適応のためのエネルギーの中和」と言い換えたため，昇華そのものには用語的な魅力が薄れてしまったのかもしれない。

2. 対象関係論

自我心理学と対立する形で発展した歴史をもつ対象関係論において，昇華への言及は非常に限られている。その要因は，実践においても理論形成においても対象関係が欲動論に代わって重視されたからである。そのような中，クラインは精神分析史全体を見ても非常にユニークな意味合いで昇華理論を展開している。本節では，クラインの著作を繙くことから始めよう。

(1) メラニー・クライン

　クラインにおける昇華の語法は，多少の混乱がある。それは昇華が実現する発達的な時期に関してである。

　大半の箇所で彼女は，大人になってから（より厳密にいうと，性器体制に入ってから）達成される成功，あるいは健康な発達という意味で昇華という言葉を用いている。昇華の基礎となるのは，幼児期における神経症が克服されること（抑圧の解除），早期の不安が理解されること，象徴性が形成されていることなどである。それゆえ，彼女が書き残した臨床論文の多くは，昇華が上手くいかない子どもをどう理解し，どうアプローチするかという点に関心が払われている。

　その一方で，子どもが成長する一つ一つのプロセスこそを昇華と呼んでいる時もある。例えば，分析過程の中で子どもが，何にでも灰をなすりつける代わりに，物に色を塗ったり書き物をしたり，絵を描いたりするようになったこと，またはいつも切り裂いてズタズタにしていたのに，縫ったりデザインをするようになったことを指して，昇華と述べている部分である（Klein, M. 1933, p.255/12）。昇華が実現する時期についてクラインがさほど厳密でないのは，次の一節からも窺えるだろう。

　　　もし，自我傾向に対する備給の際の余分なリビドーを使用する能力を，リビドーを昇華する能力と等しいものとするならば，私たちは，健康に留まることのできる人間は，比較的大きな昇華の能力のために，その自我発達の非常に早期にリビドーの昇華を上手く実現することができている，と仮定することができるかもしれない。(Klein, M. 1923b p.81/96)

クラインの昇華理論を検討する際，これから見てゆく理論的背景の相違の他にも，昇華そのものが指しているものの違いも考慮しなくてはならない。

　さて，クラインにおける昇華の中で，何よりも特筆すべきは，死の欲動（死の本能）の考えを応用している点である。ただし，既に引用した箇所からも分かるように，すべてがそういうわけではなく，一般的な語法，すなわち第一章で見た前期のフロイトが用いていたあり方も多く存在する。

◆フロイト前期モデル

　ここでいう昇華が意味しているのは比較的単純で，健康な発達，あるいは適応といった類のものである。1923 年以後，フロイトの昇華は対象リビドーの撤退による脱性化を指すようにもなるが，そのような理論的含蓄を持たない，フロイト前期の昇華理論である（ただし，リビドーの運命としての強調が薄い時もある）。クラインにおいては，その著作群の中でもとりわけ初期，厳密にいうと抑うつポジションの概念が出てくる 1930 年前半以前は，ほとんどすべてこの使われ方である。例えば，「早期分析」では，フロイトの欲動運命に関する考え（第一欲動論）に基づいて，幼児の神経症の生成過程，治療法を論じており，不安，制止，症状形成，象徴形成，昇華のそれぞれの関係が検討されている（Klein, M. 1923b）。

　この時期のクラインは，文章の至る所に「フロイト博士の見解に相違ない」との旨を書き記すほど，オリジナルな理論の提示に慎重であった。だが，昇華の担い手については，全くと言って良いほどフロイトの発想を引き継いでいない。昇華を実現できるのは天才に限られる，としていたフロイトとは異なり，クラインは各種神経症を治療することによって果たされる成功事例をみな昇華と呼んでいる。さらに，子どもが遊びの中で獲得してゆく健康的な発達という論調で述べられているものもあれば，性器期段階に達して各種欲動が統合され昇華が得られると言っている時もあり（Klein, M. 1923a, p.71/84 や Klein, M. 1932, p.108/130），厳密な定義が為されているとは言い難い。

　大作『児童の精神分析』においては，神経症に苦しむ子どもはみな，制限された形でしか遊べていないため，昇華も制止されていることをクラインは見出した。その背景にあるものの例として，彼女は子どもがマスターベーション空想を持てていないことを挙げている。そして「すべての子どもの遊びの活動の基礎だけでなく，後のすべての昇華の基礎」（Klein, M. 1932, p.112/135）であるとも述べている。他にも，女性が美的なものを追求（美のテーマへ導かれる昇華）する背景には，美しい内部を持ちたいという願望

があるとしている議論も見られる（pp.229-230/274）。

◆ **攻撃性の昇華**

クラインは，フロイトの死の欲動（死の本能）の仮説に対して一貫して肯定的な立場を取った人物であったが[10]，彼女はメニンガー同様，攻撃性の昇華について直接的に語っている。フロイトが後期に提示した死の欲動（死の本能）の概念は，最も身近にいた弟子たちさえも許容するのをためらっていたことはよく知られているが，クラインは，人間に生後まもない頃から活性化していると考えられる攻撃性や破壊本能の存在にとりわけ着眼した。彼女が子どもとの治療から得られた多くの観察や経験に基づいて強調しているのは，自分自身が崩壊して死んでしまうほどの恐ろしい不安に乳幼児がさらされている点である。クラインは，それが死の本能によって内側からもたらされるものであると考えている（Klein, M. 1950, p.43/55-56）。図式的に（かつ今日的な用語も援用して）言うと，そうした早期の破滅してしまいそうな不安（破滅 - 解体不安）は，外的対象に投影同一化されることで排泄できるが，次にはその対象から攻撃される不安（迫害不安）にさらされることになる。それゆえ，彼女の治療技法は，分析的なセッティングの中で，そういった生々しい不安を一つずつ解釈してゆくことに主眼が置かれる（この点がアンナ・フロイトの子どもに対するアプローチと決定的に異なる）。「精神分析は原則として昇華を促進するもの」（Klein, M. 1923b p.91/107）と考えているならば，攻撃性が変化することを昇華と名指すのは当然かもしれない。例えば，クラインは以下のような臨床観察を記述している。

> 物を壊したり台無しにしたりすることにしか興味をもたなかったこの少年が，エレベーターの建設とか錠前屋の仕事の中にまったく新しい興味を示した。これが彼の攻撃的傾向を昇華させる良い方法であることが分かった。このようにして，分析は現在予想されている犯罪者になる代わりに腕前の良

10）ジョーンズは「私の知っている限り，いまだに'死の本能'という術語を使っているのは，メラニー・クラインとカール・メニンガーとヌンベルクだけで，彼らはフロイトのもともとの理論とは異なる，純粋に臨床的な意味で使用している」（Jones, E. 1957, p.299）と述べている。

い錠前屋になるよう変えたかもしれない，ということが予想される。(Klein, M. 1927, p.183/221-222)

この引用の他にも，母親を食べて，切り刻んでしまいたいと思っていた子どもの例も挙げられる。クラインは，この子がこのようなジョークを飛ばせるようになったのは，抑圧されていたサディスティックな願望が昇華され，罪悪感が減少したためであると考察している（Klein, M. 1932, p.13/16）。

なお，死の本能の最もなまの表出形として後期に理論化される羨望と昇華とを連結させる見解は，クラインの著作からは見受けられない（そもそも後期に入って彼女は昇華という用語を使わなくなる）。この点は第六章にて改めて考察しよう。

◆償いとしての昇華

1930年代以降のクラインの文献において，昇華の語法はフロイトとは一線を画した独自のものになる。それはクラインが昇華を「償い[11]」と重ね合わせて記述するようになったためである。償いの作業はクラインの言う原始的な昇華に相当するもので，これがその後のあらゆる昇華の決定因となる。このことが最初に呈示されたのは1929年の論文における閨秀画家のエピソードである。それは，一度も絵を描いたことのないメランコリー女性が，ある時をきっかけに女性のポートレートを描くのに天才的な才能を示したという事例である[12]。この事態をクラインは，女性が空想の中でバラバラにしてしまった母親の身体，さらには，自分自身をも再建する試みであると解釈する。そしてこのような昇華のプロセスが生じるためには，「超自我によっ

---

[11] クラインはreparationと同等の意味で，restorationやrestitutionという用語も使用している。本書ではそれらの違いについて，メルツァーの見解（Meltzer, D. 1978, pp.186-192/277-286）に準拠した上で，訳語としてはreparationには「償い」を，restorationには「再建」を，restitutionには「修復」を当てることにする。

[12] この論文中には昇華という語は出てこないが，後に償いとしての昇華に触れる際，この事例をしばしば持ち出している（例えば，Klein, M.（1932）のp.154/184, pp.219-220/262やKlein, M.（1933）のp.254/11など）。

て行使された圧力が緩和され，自我によって罪悪感として感じられること」が必要であり（Klein, M. 1932 p.154/184），それが十分に分析されたならば，「子どもの対象関係・昇華能力・社会的適応能力の改善という結果を招く。すなわち，子どもをより幸福で健康にするだけでなく，社会的・倫理的感情を伸ばしてやることができる」（Klein, M. 1933 p.255/12）という。

　こうした作業は後に，幼児期に乗り越えるべき抑うつポジションの中で果たされるものの一つとして記述されるようになった。すなわち，償いとは，自らの破壊衝動によってバラバラにしてしまった良い対象や失ってしまった対象を元通りに戻そう，取り戻そうと試みる心的な機制なのである。

　抑うつポジションの概念がまとまりを見せてくる論考の中で彼女は，「愛する対象を救い，償い，再建しようとする試みは，［……］あらゆる昇華と自我発達の全体の決定因なのである」（Klein, M. 1935 p.270/30-31）と記し，償いが昇華にとって不可欠な要素であり，その後の人生における昇華を決定づけるものだと一貫して主張している。そして代表的論考「分裂的機制についての覚書」では，その点がさらに綿密に述べられている（Klein, M. 1946, pp.14-15/19-20）。

> この段階（抑うつポジション）で大きな役割を演じる，償おうとする欲動は，心的現実に対するより優れた洞察と進展した統合の結果とみなすことができる。というのも，この欲動が示しているのは，愛すべき対象に向かう攻撃性のために生じた悲嘆，罪悪感，喪失の恐怖といった感情に対するより現実的な反応だからである。傷ついた対象を償い，保護しようとする欲動は，より充溢した対象関係と昇華への道を開くものであり，次第に統合性を高め，自我の統合に寄与する。（括弧内引用者補足）

　乳児のもつ原初的な心の世界を探求し続けたクラインは，対象が分裂しており，迫害不安や具体水準の思考が優位な妄想分裂ポジションと，対象を全体的なものとして認識し，自我がより統合されている抑うつポジションのそれぞれの様をありありと描き出した。その中で昇華は，妄想分裂ポジションから抑うつポジションへと移行する際の心理的な展開の一環として位置づけ

られた。

　クラインのテクストにおいては，本節の冒頭でも触れたように，昇華が実現される時期に関して揺らぎがある。本書では，原初的な償いに基づいて，その後の人生の中で繰り返される償いを，「償いとしての昇華」と呼びたい。償いの経験が反復すると考えるのは，乳幼児期における妄想分裂ポジションや抑うつポジションの体験の様式がひな形となって，その後の人生においても繰り返すと捉える発想と同じである。

　欲動・本能の視座からこれをみると，妄想分裂ポジションにおいて乳児が対象をバラバラに破壊するのは，言うまでもなく，死の本能の所業によるものである。他方，壊された対象を認識し，罪悪感を抱き，それを償ってゆく作業を遂行するのは，生の本能の作用である。クラインはこのことを次のように記述している。

　　　償おうとする傾向は，究極的には生の本能を起源にもつゆえ，それはリビドー的な空想と願望を惹起する。この傾向は，あらゆる昇華の要素となるものであり，またこの時期以降，抑うつを入江にとどめ，さらにその抑うつを軽減する重要な手段としてあり続ける。(Klein, M. 1952, p.74-75/96)

(2) 「償いとしての昇華」の継承

　クラインと同時代に生きたシャルプも昇華のこの側面に言及しており，互いに多大な影響を与え合っている。彼女は旧石器時代に描かれた洞窟の壁画に注目し，そこに自分たちが狩った獲物が描かれているのは自らが破壊してしまった対象を再生する試みだと推察した（Sharpe, E. 1930）。さらに，踊りや歌，患者が抱く妄想などの性質を検討し，昇華とは不安の償いであり，支配であり，無効化であると結論づけている。こういった破壊衝動に対する償いを昇華と考える姿勢を，グラバーはまとめて Sharpe-Klein pattern と呼んでいる（Glover, E. 1931, p.267, 292）。

　クライン以後，償いとしての昇華に関する理論を引き継いだ分析家としては，リックマン（Rickman, J. 1940）やハイマン（Heimann, P. 1942）がいるが，とりわけ体系的に検討したのは，シーガル（Segal, H. 1952; 1957;

1973）である。クラインはややもすると臨床感覚に偏りがちで理論的なスマートさに欠けると言われるが，シーガルはその思索を見事に整理し，まとめあげることに成功した。その中で，抑うつポジションに関する内的過程として，本能の目標の断念，喪失の認識，喪の作業，象徴形成，創造性，そして昇華について体系的に描写した。本書全体の根幹にも繋がる次の一節を引用しておこう。

> 　心理学に対するフロイトの貢献のうち最も偉大なものの一つは，昇華が，本能の目標の断念に成功した結果であることを発見したことである。私はここで，そのような断念が成功するのは，喪（mourning）の過程を通して初めて可能になるということを示唆したい。本能の目標あるいは対象を諦めることは，一つの反復であり，また同時に以前乳房を諦めたことの生き直しでもある。最初の状況と同様に，喪失と内的再建（internal restoration）の過程によって，断念される対象が自我の中に同化される場合にはそれは成功を収める。そのように同化された対象は，自我の内部にて一つの象徴となる。対象が持つあらゆる側面，成長の過程で断念し放棄せねばならなかったあらゆる状況によって，象徴形成が生じる。
> 　この考え方によると，象徴形成は喪失の結果であり，苦痛と喪の作業全体を含んだ創造的な作業である。
> 　心的現実が体験されて，外的現実と区別されている場合には，象徴は対象からも区別される。そして自己が象徴を創りだしたと感じられ，自己が象徴を自由に使うことができるものになりうる。(Segal, H. 1973, pp.75-76/105)

　シーガルがまとめたことによると，抑うつポジションを通過することによってもたらされるのは，不安の軽減，象徴性の獲得，昇華の実現，創造性の発揮などである。逆に言えば，早期母子関係における喪失にまつわる課題を乗り越えられない限り，人が昇華を実現することはない。

(3) その後の対象関係論における昇華研究
　クラインやシーガルを中心に提唱された償いとしての昇華の側面はそれ以

後のクライン派の中で，理論的に刷新されることがないばかりでなく，ほとんど言及されなくなったと言わざるをえない（この点は，本書の第四章で批判的に検討される）。天才の偉業に着眼することから出発し，中年期危機の問題と抑うつポジションのワークスルーを関連づけているジャックスでさえ，昇華という言葉をキーワードにしている様子はない（Jaques, E. 1965）¹³⁾。

現代クライン派を語る上で避けられない分析家であるメルツァーは，『こころの性愛状態』の第17章において，昇華がもはや意味をなさない言葉になってしまったと述べている。そして結論として，「詩的なイメージ（「記憶の洗練」）としてでも，（反動形成や脱性化と結びつく）防衛のメカニズムとしてでも，そして，超自我の過酷さの結果としてでもない昇華の概念は，もはや表記（notion）についてのメタサイコロジーシステムの部分としては不要である」（Meltzer, D. 1973, pp.130/259-260）と述べるに至っている。ただし，メルツァーの昇華に関する考察は，すべてフロイトに準拠したものであり，本書が目指すようなクラインやフランス精神分析の展開を踏まえているわけではない点は，強調しておきたい[14]。

中間学派をはじめ，その他の対象関係論においても昇華は中心的に語られているとは言い難い。ヴァルドレもフロイトの昇華理論は，ウィニコットにおいては潜在空間（potential space）にとって代わられたと述べている（Valdrè, R. 2014, p.34）[15]。彼らはいずれも，「創造性」に大いなる関心があるのだが，周知の通り，中間学派における創造性の獲得とは，クラインらが償いの論理で明らかにしたものとは異なる道筋を想定している。「中間領域」や「遊び」といった発想は，昇華とはさほどなじまなかったようである。

---

13) ただし，そこで展開されている主張は抑うつポジションのワークスルーによって生み出される創造性であり，本書が結論として定める昇華の理解に極めて近いものと言えるだろう。
14) ただ，彼がフロイトの『文化の中の居心地悪さ』から出発して，性愛（セクシュアリティ）を労働の一つの特殊形態と捉えていることは注目に値する。一方で子どもの遊びは，内的な葛藤を探求するために内側に向かうものとして規定されている（Meltzer, D. 1973, p.127/254）
15) 加えて，ビオンの場合は変形（transformation）に，ボラスの場合は原初的対象の記憶を含む美的体験を考えることにとって代わられたと言及している。また第四章でとりあげるように，クラインにおいては，昇華は償いにとって代わられてしまったとの理解も提示している。

3. フランス精神分析

　世界有数の精神分析先進国であるフランスには，おそらく昇華に関して最も多くの研究が蓄積されている。その理由は，フランスでは長らく欲動の概念が捨てられることなく探求され続けてきたことと密接に関係している。既に見てきたように，英米圏では，フロイトの出発点でもあった生物学的視点は次第に重視されなくなり，代わりに自我機能や対象関係，対人関係などに主眼が移行していった。その一方で，フランスにおける精神分析は常にフロイトの著作が最大の参照枠になっていることもあり，第一欲動論の重要性は誰もが共有するところとなっている。その背景についてキノドスは，フランスでは後期フロイトの翻訳が遅れたこと，ラカンによって繰り広げられた「フロイトへの回帰」運動がフロイトの初期の著作群に焦点を当てたことなどを挙げている（Quinodoz, J-M. 2004, p.146/150）。

　しかし，だからといってフランスの精神分析がフロイトを共通の準拠枠にもつ一枚岩のような集団であるかというとそうではない。むしろ，フランスほど度重なる分裂劇を繰り広げ，多様な精神分析コミュニティが乱立している国は世界に類を見ない。イギリスにおいても同様に，フロイト - クライン論争（1941〜1945年）と言われる論争があったが，結果的には，いわゆる「淑女協定」が締結され，中間学派を設けることで収斂していった。その結果，三つの学派が（少なくとも見かけ上は）並立することとなった（訓練に関しては今日もなおその影響が色濃く残っている）。それに対してフランスにおける精神分析組織は，今日においても四分五裂を繰り返しており，分析家の訓練システムなども混乱した状況が続いていると言わざるをえない。

(1) フランス精神分析史の素描

　フランスにおいて目まぐるしく展開した精神分析コミュニティの詳細な動向については，既に公刊されている多くの専門書[16]に譲るとして，ここで

---

16) 例えば，Roudinesco, E.（1994）や Ohayon, A.（2006）などの本格的な歴史研究，あるいは Birksted-Breen, D. et al.（2010）や立木（2012b）などの概説を参照のこと。

は，本書の昇華理論に関わる分析家や団体に言及するだけに留めておこう。

フランス精神分析の歴史は，1926 年にマリー・ボナパルトが中心となって SPP（Société psychanalytique de Paris）[17] を設立したところに端を発する。しかし SPP は，分析家の養成を巡って勃発した内紛の結果，1953 年に第一次分裂と呼ばれる最初の分裂に見舞われた[18]。この際脱退したラガーシュ，ドルト，ラカンらは，新たに SFP（Société Française de Psychanalyse）を立ち上げ，以後，独自の精神分析活動を進めていった。しかし，10 年後には長らく抱えてきた IPA 加入問題の解決のために，SFP は事実上消滅し，IPA 認可の団体である APF（Association psychanalytique de France）が設立された[19]。1964 年のこの事件は，第二次分裂と呼ばれている。そして「破門」を受けたラカンは，EFP（Ecole freudienne de Paris）を立ち上げることとなった[20]。

その後，1969 年には，EFP 内部からラカンに反発し脱退したメンバーが新たなグループ，OPLF（Organisation psychanalytique de langue française）を創設した（この団体は第四グループと呼ばれることもある）。この時点でフランスには SPP，APF，EFP，そして OPLF という四つの異なる団体が併存していたことになる[21]。

さて，このような目まぐるしく展開する事情の中，フランスでは各学派が独自の実践や理論を活発に発信してきた。昇華理論は誰もが関心を寄せるトピックとはならなかったものの，それでもその概念のもつ可能性に着眼し，

17）SPP はほどなくして国際精神分析学会 IPA（International Psychoanalytical Association）に加入し，翌 1927 年 7 月には今日もなお存続する機関誌 Revue française de psychanalyse の発刊が始まった。
18）第二次大戦後，SPP の中心は，ナシュトやラガーシュやラカンといった第二世代に移っていた。この内紛では，マリー・ボナパルトとこの三人がそれぞれ争うという構図が繰り広げられた。
19）主要メンバーにはラガーシュの他に，アンジュー，ラプランシュ，ポンタリス，ヴィドレッシェールらがいた。
20）初期メンバーとして名を連ねたのは，ドルト，ルクレール，ペリエなどである。
21）その後 1980 年に EFP はラカンの手によって解散させられ，一部のメンバーから成る ECF（Ecole de la cause freudienne）が設立される。その他のラカン派のメンバーは ALI（Association lacanienne internationale）などの団体を作るなどそれぞれの道を辿ることになる。その後もラカン派は度重なる分裂を繰り返し，現在ラカン派の団体はフランス国内だけでも 30 近く数えられると言われている。

集中的に考察した研究は相当数に上る。本章では，そのうち際立った見解を残しているいくらかの分析家の昇華理論について概観してみたい。

(2) ジャック・ラカン

上記のように，ラカンは1953年より，SFP内部の教育的な目的も兼ねて独自のセミネールを実施していた。このセミネールは彼が死ぬ直前まで行われ，その活動の割に著作が非常に少なかったラカンの思索を知る重要な手掛かりとなっている。7年目（1959年～1960年）に当たるセミネール『精神分析と倫理』（Lacan, J. 1986）は，彼の初期の仕事のうち，重要な転換点となったとしばしば指摘されるものであり，その中でラカンは精神分析における倫理をラディカルに問い直した。そこで取り上げられたトピックは幅広く，アリストテレスの倫理学に始まり，〈物〉，昇華，真・善・美，神の死，ソフォクレスの『アンティゴネ』などが俎上に載せられた。クラインの症例も引きながら展開された彼の昇華理論については第四章にて詳しく見てゆきたい[22]。

(3) ジャン・ラプランシュ

『精神分析用語辞典』の著者の一人であるラプランシュは，もともとSFPに所属していたが，1964年における第二分裂に際して，自らの訓練分析家であったラカンとは袂を分かつ道を選んだ。APFの中心的存在となった彼はそれゆえ，ラカンとは異なる独自性を示してゆく必要に迫られたが，そこで彼が掲げたのは，他ならぬ「フロイトへの回帰」であった[23]。

ラプランシュは，1962年より，自らの講義を開催するようになったが，その中で，「昇華を位置づけるために」（1975-76年）と「昇華を迂回させる」

---

22) なお，このセミネールより20年ほど遡る1938年には，百科事典の「家族」の項目として，自我理想が昇華のプロセスにもたらすメカニズムについて論じている（Lacan, J. 1938）。
23) それはラカンのように，新たな概念を提示しながら進めていくというよりも，あくまでフロイトの思考過程を緻密に読み込み，その変遷を徹底的に辿ってゆくスタイルであった。その結果生まれたのが，『精神分析用語辞典』やフロイトのフランス語訳全集（OC：Oeuvres complètes），そしていくつかのオリジナルな著作と大学での講義録である。

（1976-77年）とそれぞれ題された講義を二期にわたって行った（Laplanche, J. 1980）。『精神分析用語辞典』の昇華の項目で，自らが問題視した事柄に彼はここで取り掛かったわけである。

　ラプランシュは昇華の議論に入って行く前に，欲動について徹底的に考究している。フロイトの言う欲動とは，時代を経るごとに様々な語句が使われ，その概念も変遷をしているが（p.21の図1を参照のこと），ラプランシュが何よりも注目するのは，欲動が，生物学的，身体的な側面を基盤としていることである。欲動に関するこうした視点は，本書の根幹を構成するものであるため，以下に詳述してみたい。

　ヒトは生物学的に未成熟な状態で生まれてくるため，生後しばらくは養育者の世話が無くては生きていけない。例えば，乳児が空腹を体験した場合，養育者は栄養を与えることで，その欲求不満状態を解消しなくてはならない。フロイトはこの時，「空腹が満たされる」ことだけでなく，ある種の快感が付与されることを推測した。すなわち，生命維持がもともとの目的だった栄養摂取を通して，乳児の口が乳房に触れると，関与した身体部分（唇や口内粘膜，さらには食道など）が性的な快を享受する場となるのである。そして次第に生命体を維持するのとは独立した快の源，性源域が形成されていく。フロイトは，このように最初に存在していた生命維持機能の回路に依りかかる形で性的な場が形成されていく様を**依托**（Anlehnung）という言葉で表現している（Freud, S. 1905d, p.182/232）。これはフロイトが欲動の四つの基礎概念（衝迫，目標，対象，源泉）として挙げているもののうち（Freud, S. 1915c），源泉に焦点を当てて依托のメカニズムが説明されたものであるが，欲動の対象に焦点を当てて考える場合も意義深い。

　乳児が母親の乳房から栄養を摂取している時，乳児の食物である母親の母乳は「欲求の対象」として存在している。お腹が空いた時に母親が適宜母乳を供給している限り，それは欲求の対象であり続ける。しかしながら，お腹が空いてもそれが供給されない時，あるいは離乳したためにそれがもはや手に入らない時，乳房は象徴的な存在として内在化されるようになる[24]。つまり，自己保存欲動の回路にて欲求を満たしていた母乳がひとたび失われる

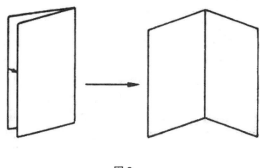

図2

ことによって，自己保存欲動の回路とは別に，性欲動の回路が生成され，性的対象としての乳房が象徴的価値を持つようになる。ラプランシュはこの性的対象のことをラカン的な表現を援用して，「換喩的対象」あるいは「換喩的代理」と名づけている（Laplanche, J. 1980, pp.58-59）。これは「対象発見とは本来，再発見である」（Freud, S. 1905d, p.222/284）というフロイトの命題に一つの理解を与えるものでもある。もともとの欲求の対象であったミルクを供給するものとしての乳房が，後に性欲動の対象として探し求められることになるゆえ，性的な対象とは定義からして再発見されるものと言えるのである。換喩的な代理物として様々な性対象が人生において再発見されることになるのであるが，それらはいずれもオリジナルで根源的な対象ではありえない。そのためこれは「いつまでも性的探求の不満を揺さぶり続ける」（Laplanche, J. 1980, p.59）と，ラプランシュは言う[25]。

以上から分かるように，依託とは自己保存欲動から性欲動が独立していく様を指し示すフロイトの術語である。ラプランシュはこうした欲動の展開を端的に説明するために，図2のような一枚の紙を使って示している（p.37より一部改編）。

24）もちろん，そうなるために母親が如何に機能しなくてはならないかは，ビオンが体系化した通りである。
25）ラプランシュのこの考えは，主著『精神分析における生と死』（1970）において既に明確化されている。また，ここでの議論は本書の第四章にも大きく関わってくる（欲動の代替満足について）。

欲動とは当初折りたたまれたような状態で存在しているが，性欲動が依託のプロセスによって，非性的な自己保存欲動から分離すると，それは折りたたまれた状態から二つの平面をもつものに展開される。そこからは，依託によって非性的なものから性的なものが導き出されるという方向が読み取れる。それゆえ，広げられた二つの平面のうち，自己保存欲動，すなわち非性的なものは左の平面に，性欲動，すなわち性的なものは右側の平面に相当することとなる[26]。

　それでは，欲動の昇華はどのように位置づけられるのだろうか。昇華とは，そもそも「性的な欲動が非性的な（社会的・文化的に受け入れられる）ものに変換される作用」である。つまり，性的／非性的の対立で考えた場合，昇華は，非性的な自己保存の平面から，性的な欲動が生成されるプロセスである依託とは逆の方向を辿るものとみなせるのである。このような発想の萌芽はフロイトの記述からも既に認められる。『性理論三篇』の第二篇の最後の項目「相互影響の通路」ではまず，性に関して源泉という言い回しに固執しなければ，「他の機能から性欲へと通じているような連絡路はすべて逆方向に辿ることもできるに違いない」（Freud, S. 1905d, p.205/264）という推測をしている。その具体的な例として，神経症においては性的過程の障害が原因であるにもかかわらず，非性的な身体機能の障害として症状が発生することを挙げ，そして最後に，不明瞭ながらも，性的な側面と非性的な身体の側面には両方向に往来可能な通路が存在しており，性的な欲動の力が，性的ではないそれ以外の目標へと引き寄せられることが昇華であると示唆している（p.206/265）。

　ラプランシュは，昇華が依託論で展開した二平面においてしか理解しえないと考えている。ただし，それは単純に相互影響や一方から他方へ誘導されることではなく，「真の迂回（une véritable dérivation）」や「真の吸い上げ

---

26) 彼はこの作用が，あたかも牡蠣の殻にナイフを刺し込み，それをこじ開けるようなものであるとたとえている。その意図は，性の獲得には他者からある種の損傷や喪失が外傷的に刻み込まれることを主張するためである。この議論が，彼の主要業績である（母による）「根源的誘惑（séduction originaire）」の考えへと繋がっている。

(une véritable drainage)」があると言い（Laplanche, J. 1980, p.71），その真意を 10 カ月後の講義の中で説明している．

> 性的なものが非性的なものから出発して生み出される通路，それは依托の通路である．性的なものが非性的なものに影響を与えることになる逆の通路，それが神経症症状である．神経症症状は非性的な領野に位置づけられるが，完全に右の平面における葛藤によって決定されるものである．そして最後に，相互影響ではなく，性欲動から非性的な目標へと引きつけ，吸い上げられる不可思議なものがありうる．それがすなわち昇華である．(pp.128-129)

すなわち昇華とは，「依托の通路」および「神経症症状」とは明確に区別される第三の欲動の通路を辿るものである．これがフロイトを精読することを通してラプランシュが行き着いた昇華の理論的な基礎づけである．彼はここから様々な観点で議論を繰り広げていく．しかしながら，二期の講義の中で完結しまとまった昇華の定義づけを示すことはしていない．とはいえ，そこにはフロイトの精神分析的思索が内包している数多くの問題点や議論の端緒が独特の視点から提示されている点で意義深く，ラプランシュ流の「フロイトへの回帰」が認められるだろう．

(4) ジャニーヌ・シャスゲ-スミルゲル

シャスゲ-スミルゲルは，女性のセクシュアリティや創造性，倒錯，ナルシシズムなど精神分析の基礎概念だけでなく，その応用として芸術や政治に関する研究など，非常に幅広い業績を残した女性分析家である（SPP の会長（1975-1977）や IPA の副会長（1983-1989）なども歴任した）．彼女は，昇華の基準を"エディプス・コンプレックスを克服しているか否か"に見る明瞭な見解を示している（Chasseguet-Smirgel, J. 1975）．

彼女がまず注目したのは，フロイトが昇華と理想化とを厳密に区別している箇所である．それによると，理想化は対象の本性を変えることなく肥大化し心的に高められるものであり，「自我の諸要求を強め，抑圧の最も強力な援護となる」（Freud, S. 1914c, p.95/143）．これは，前後の文脈から判断す

るに，人が幼少期に一度享受した満足を手放すことができずにいるために，ナルシス的な完全性を維持しようとする心の働きと言えるだろう。そのような点で，理想化は性的満足から離れて別の目標へと突き進む昇華とは一線を画す。

シャスゲ‐スミルゲルは以上を踏まえた上で，昇華が十分な脱性化が果たされ，真の創造性をもたらし，本質的な本能の変容があるものである一方，理想化が真の脱性化が不在で，偽りに上乗せをした，障害から逃れるだけの試みとした。この背景にあるのは，父への同一化，エディプス・コンプレックスを乗り越えているかどうかの違いである。すなわち，近親姦的な欲望を諦め，父親のファルスを内在化し，そこで獲得した価値基準に基づいて，創造的な活動を進めてゆくことこそが昇華なのである。彼女は真の創造性をもたらす心的過程としての昇華を特権的に捉え，それとは似て非なるものを捨象してゆく論を膨大な文献読解と共に展開している。そして世間で言われている多くの芸術作品，文学作品の中には，真の昇華とは言えないものが相当数存在すると指摘する。彼女がそのように言うのは，そういった偽りの成熟をした人間がみな，去勢を否認し，エディプス状況を度外視した倒錯的な生き方を選択しているからである。エディプス・コンプレックスという人間が否応なく乗り越えなくてはならない心的な課題を克服することを通して初めて，人間社会で生きてゆくのに必要な心的な構造が形成される。昇華における価値はそこに基づいて決定される。彼女のこの長い論文が「昇華における社会的価値は本質的に内的な要因から生じているのだろう」(p.146) という一文で締めくくられているのはそのような意図が込められているのだろう。

(5) フランソワーズ・ドルト

ラカンと並んで，SFP の中心的存在であったドルトは，小児科医として育児に関する啓蒙活動に尽力したことでも知られている。生涯に残した業績は膨大で多岐にわたるが，その中でも主要なものの一つである「象徴産出的去勢」の理論の中で，彼女はフロイトよりも拡大した昇華理論を展開している (Dolto, F. 1984)。まずは彼女が考えた去勢について概観した上で，昇華が

どのように成立するかを見てゆこう。

◆ 象徴産出的去勢

　フロイトは，（解剖学的な意味での）ペニスの有無に直面した幼児が抱く「去勢コンプレックス」という空想を概念化した。去勢コンプレックスの概念は，精神分析の発展に大きく寄与したが，とりわけラカンが展開した去勢概念の刷新は大々的なものであった。フロイトの図式は「子どもが父親から去勢の脅しを受け，母親を諦める」といったものであったが，ラカンは「母親が子どもをファルス（自らの欠如を埋める存在）とみなすことを断念すること」を象徴的な意味での去勢とみなした。これは父性機能によって果たされるものであり，この象徴的な去勢によって，子どもは正常な性関係を結ぶことができるようになる。

　晩年に袂を分かつまで，常にラカンと共に歩んだドルトも同様に，去勢がもたらす肯定的な側面に注目した。彼女による去勢の定義とは，**"自分の望む形で欲望を満たすことが，他者から「掟」によって禁じられていると知り，それを受け入れていく心的な過程"** である。ここで想定されている他者とは，親などの養育者であり，去勢は（態度であれ，身振りであれ，バーバルなものであれ）言語（langage）を通じて行われる（Dolto, F. 1984, p.78/109）。

　ここで大きな役割を果たすのは子どもに向けられる「掟」であるが，掟には，禁圧を行うだけではなく，子どもを世界に生きる人間として成長させる側面もある。たしかに，掟には罰を背景に，それを遵守することを強いる側面があるが，子どもの成長を「掟」に基づいて支えることのできる年長者が適切に去勢を行使した場合，子どもは社会共同体内での主体的行動を高め，文化的活動を促進させることが可能になる。

　メタサイコロジー的に記述すれば，去勢とは一次的に欲動を満足させていた「短絡路（circuit court）」を断ち切り，結果として「迂回路（circuit long）」の経由を強いるものである。欲動が迂回路を通って満足を得ることは，もともとの満足の目標が象徴的に置き換えられたことを意味する。それゆえドルトは，去勢には象徴性を産む側面，つまり象徴産出的な

(symboligène) 側面があるとし (p.78/109),このような経路で象徴的な目標を達成することが昇華だと述べた (p.80/112)[27]。

◆ 去勢がもたらす昇華

ドルトは以上のように,禁止を促す去勢が他者からもたらされることで,昇華への道が開かれることを見出した。ただし,子どもにもたらされる去勢は,各々の発達段階に固有のものがあり,そこから得られる昇華の種類もまた複数存在する。それらは発達順に,臍帯去勢,口唇期去勢,肛門期去勢,一次去勢(非エディプス期の性器的去勢),エディプス期去勢と名づけられており,各段階において適切な時期に適切な去勢がなされることで,その段階固有の昇華が果たされ,子どもは正常な発達を遂げることになる。

臍帯去勢とは,出生によって果たされる去勢である。ここで与えられる「掟」とは,文字通り母親と融合していた状態から,臍の緒を切断され,もはや母親の腹の中には戻れないというものである。臍帯は,それを象徴する口に置き換えられ,身体的な融合状態は対人関係へと展開し,新たに世界に生きる存在となる[28]。

口唇期去勢とは,離乳によって果たされる去勢である。口唇期においては,口唇が母親の乳房から得られる性的快を享受する身体部位として機能しているが,離乳期を迎えると,母親に向ける食人的心性が剝奪され,母親という存在を食物という部分対象としてではなく,一人の人間存在として全体的に把握できるようになる。また,母乳にとって代わり,多様な食文化へと誘われることになる。そこには当然「食べられないものは口にしてはいけない」という禁止が含まれているが,人間社会が持つ食の秩序に参入することも含意されている。そしてこうした母親との直接的な身体接触というコミュニケーションから分離されることで,子どもが言語・言語活動 (langage) を獲

---

27) なお,象徴産出的去勢を受けることによってその子どもに生じる変容については,竹内 (2004) が「掟の内在化」,「身体運動機能の発達」,「文化的活動の促進」,「対人関係の広がり」,「主体化の促進」の五つに要約できるとまとめている (pp.109-111)。
28) ドルトは,この去勢が上手くいっていない場合の病理として,精神病などを挙げている。

得する機会を得ることになる。これによって子どもは様々な形で母親に理解してもらえるようになるだけでなく，母親以外の人間を頼ることもできるようになる。

肛門期去勢は，いわゆるトイレット・トレーニングなどにより，排泄のコントロールを学ぶ時期に経験する去勢である。もちろん排泄がこの去勢を象徴するから肛門期去勢と名づけられているわけであるが，単に排泄をコントロールすることが去勢の達成を意味するわけではない。母親から分離して自主性を獲得し，同時に有害な行いを禁止されることでもある。これが達成されると自分自身の運動性を統御して，しかるべき時にしかるべき行動を行うようになる。さらには，その運動性を心地良い活動に使うことができるようになる。

一次去勢（非エディプス期の性器的去勢）は男女という性差を認識することである。他者の性差を認識し，翻って自分の身体が女であって男ではないこと，あるいはその逆を認識する。さらに，大人の言葉の助けを得て，（女児の場合であれば）自分が将来妊娠できる能力があること，しかしそれには男性も責任を負っていることなどを認識していく。すなわち，一次去勢を受けることで，自らの生殖の可能性を開き，子孫を残す可能性を担う生物界の一員となるわけである。

最終段階に位置づけられる**エディプス期去勢**とは，近親姦の禁止を意味する。このタブーが内在化されることで，親と交じわりたいという願望は封印され，両親を巡る葛藤から自由になり，同世代の友人関係，異性関係へと可能性を広げることとなる。また両親の期待に応えることに専心するだけでなく，自分自身の欲望，願望を満たす方へと進展し，主体的な生き方を獲得する方向へ進むことに繋がってゆく。エディプス・コンプレックスの克服によって，親以外の異性関係へと開かれていくという図式はフロイト以来よく知られている通りであるが，ドルトの理論の場合，この段階に位置づけられるものである。

ここで，いずれの去勢においても，それが執行されれば必ず昇華がもたらされるわけではないことに注意しなくてはならない。去勢によってもたらさ

れる欲動の象徴化が、倒錯や神経症性の抑圧を生じさせることもあるからである。ドルトはこのように、人の様々な病理や病因を各段階においてなされるべき去勢の不適切さに見出した。それゆえ、治療のためには、どの段階での去勢が不十分であったかを正確に見立てた上で、臨床場面において治療者がふさわしいタイミングで去勢を執行し、昇華をもたらす介入を試みなくてはならない。

(6) フランスにおけるその他の昇華研究

　ここでは、本書では十分に取り上げることのできない、その他いくつかのフランス精神分析における昇華研究を見てゆこう。

　まず挙げなくてはならないのは、ラガーシュとグリーンである。ラガーシュは「昇華と価値」という長編の論考において、価値の視点を踏まえて様々な問題群を提示している（Lagache, D. 1962）。また、別の論考では、精神分析実践を一種の昇華の過程とみなしてその困難を論じている（Lagache, D. 1962-64）。グリーンは、精神分析における負のもの（le négatif/the negative）に着眼し、考究した彼の代表的著作の一つの章を割いて昇華概念そのものについて考察している。そこでは、性欲動の一運命としての昇華について述べた後、死の欲動に従事する存在としての昇華について論じている（Green, A. 1993, pp.297-354）。

　しかし、最も豊潤な昇華研究をしているのは、第四学派 OPLF の現在のトップにしてパリ第七大学の教授であるミジョラ・メラーである。彼女は網羅的な専門的レビュー論考だけでなく、啓蒙的な新書の中でも昇華を取り上げており、その活動の範疇は非常に幅広い（Mijola-Mellor, S. de 2005; 2009; 2012）。昇華という一つの概念を徹底的に掘り下げることによって、精神分析という学問そのものを研究対象としているような様相さえも見られる。本書も彼女の仕事から受けている影響は少なくない。

　概して、フランスにおける昇華の研究は、他国のようにごく一握りの分析家が言及するというよりもむしろ、学派全体で取り組む共通テーマの一つにまでなっているようである。実際にいくつかの学派の学会誌には、昇華の特

集が組まれたことがある[29]。

4. 小考察——フロイト前期モデルとフロイト後期モデル

　フロイト以後の精神分析の展開を概観する場合，それぞれの学派がフロイトの著作群のどの部分にとりわけ注意を払っているかを考えるのは，概して必要な作業である。例えば，クライン派の投影（同一化）の機制は，ダ・ヴィンチ論やシュレーバー論，あるいは「喪とメランコリー」で展開した心的メカニズムにその萌芽が見出せるし，自我心理学が『自我とエス』以降の第二局所論を前提としているのは，本人たちも明言している通りである。一方，ラカンはそのような中後期のフロイト理論だけに依拠する態度を問題視し，「心理学草案」『夢判断』『日常生活の精神病理』など初期の著作に大いなる関心を寄せた。

　昇華理論の展開を考えるにあたっても，複数の学派を横断する形で概観している以上，この視点は欠かせない。すなわち，後世の昇華理論が，フロイトの欲動モデルのいずれに準拠しているかがまずもって大きな違いとなる。言い換えれば，1905年に提唱された第一欲動論（フロイト前期モデル）に基づいているのか，1920年に提唱された第二欲動論（フロイト後期モデル）に基づいているのかが，最初の分水嶺なのである。

　まず，初期のクラインやラプランシュ，シャスゲ‐スミルゲル，ドルトなどのフランスの分析家は基本的に前期モデルを踏襲していると見るべきだろう。リビドー発達モデルがその背景にあることが見て取れるからである。自我心理学の諸家は必然的に後期モデルに準拠している。

　しかしながら，償いとしての昇華理論を打ち立てたクラインと，彼女の素材（Klein, M. 1929）を踏まえて〈物〉との関連で昇華を理論化したラカン

---

[29] 例えば，SPPの機関誌 Revue française de psychanalyse では，1998年の第62巻4号と2005年の第69巻5号において昇華の特集が組まれている。他にもSPPのトゥールーズ支部の分析家によって編纂された論文集（Babonneau, M & Varga, K. 2004）やラカン派の分析家たち（主にECF以外の分析家が投稿しているようである）によって書かれている雑誌 Figure de la psychanalyse の第7号も昇華に関する論文で編まれている。

は，そのいずれとも言い難いモデルを前提にしているように思われる。とはいうものの，それは完全にクラインのオリジナルというわけではない。なぜならば，償いとしての昇華の心的プロセスは，自らの攻撃性（死の本能）によって破壊してしまった良い対象を悼み，再建してゆく心の作業（生の本能）と考えられる以上，少なくとも部分的にはフロイト後期モデルをバックグラウンドに持っているからである。ラプランシュらは，こうしたクラインの発想が『自我とエス』における思考と同じ系列に属するだろうと述べている（Laplanche, J. & Pontalis, J-B. 1967, p.466/223）。エロースの意図は，統合すること，結合すること，統一性を作り上げることとフロイトは定義しているが（Freud, S. 1923b, p.45/44），それはまさしく一つのまとまりある全体対象を作ろうとする償いの作業と重なるだろう。さらに，生の欲動が作動する前に，死の欲動が動いているという時系列も，フロイトが中期以降一貫して持っていた考えと一致する。つまり，1915年の論考「欲動と欲動運命」でフロイトが唱えた「憎しみは対象に対する関係としては，愛より古い」（Freud, S. 1915c, p.139/191）というテーゼのクラインなりの解釈と言えるかもしれない。

　ただし，死の欲動は，その存在自体が疑問視されるほど不可解な概念である。立木（2007）はそのような事情に鑑み，フロイトのテクストで描き出されている死の欲動の全体像を捉える試みをしている（pp.193-220）。その中で簡潔に提示されているように，死の欲動は，ある時間軸（段階）に沿って次の三つの変遷を辿る。

（1）死の欲動が主体の内部で黙々と働いている段階

（2）それが（エロースに追い払われる形で）自分以外の対象（他者）に向けられて，攻撃性・破壊欲動として外在化される段階

（3）その破壊欲動が再び内部に取り込まれ，超自我が自我を攻撃するエネルギーとして消費される段階

　こうしてみてみると，フロイトが当初死の欲動を提示した時の着想と，フロイト以後の分析家が語るそれとの間には若干のギャップがあることが窺われる。ラプランシュも述べているが，フロイト以後の死の欲動の理解はいず

れも第二段階である攻撃性・破壊衝動に重点が置かれているからである。昇華理論に死の欲動（死の本能）の要素を織り込んだ分析家たちも，基本的には攻撃性・破壊衝動を念頭においている。

　ラプランシュが批判したように（Laplanche, J. 1970, p.164），クラインの考える死の本能は，純粋な意味でフロイト的な死の欲動ではなく，その一面を最早期の攻撃衝動，破壊性として描いたに過ぎないのかもしれない。しかし，償いが果たされるまでの乳幼児の心の展開を追ってみると，その限りでもないことが見て取れるだろう。その展開とは，第一に死の本能が内側から破滅 - 解体不安として体験される段階。第二に，それが外界へ攻撃・破壊として投げ出された後，投影同一化された対象から逆に攻撃される不安（迫害不安）にさらされる段階。そして第三に，対象を壊してしまったことを知り，罪悪感に突き動かされながらも，その対象を償い，修復し，再建してゆこうとする段階。つまり，クラインの償いとは，フロイトの考えた死の欲動の経過に沿って展開する心の働きと考えることもできるのである。以上より筆者は，クラインが中期以降に提唱した償いとしての昇華を，フロイト後期モデルの応用版と見なしたい。

第二部

昇華理論の批判的検討

第三章　昇華の動因論と価値論

1. 二つの理論的問題

　第一部では，精神分析における昇華理論の展開を辿ってきたが，曖昧で不明瞭とみなされるこの概念に対して，一貫した定義やモデルを提示することが一筋縄ではいかないことはもはや明らかであろう。

　本章では，第一部で見てきた精神分析家たちの昇華理論について，その特徴の識別，分類を行い，その理論に内在している問題点を批判的に検討する作業を試みたい。その目的は，この理論を用いて臨床経験を考察するための土台を構築することにある。

　さて，そうした批判的検討のために着眼したいのは，昇華の「動因」に関する点と，「価値」に関する点である。これらは，第一章で筆者がフロイトの昇華理論の二要素とした（ⅰ）脱性化と（ⅱ）社会化に関連する事柄である。さらには，ラプランシュが挙げた（Laplanche, J. 1980, p.20），昇華理論の二つの問題点「メタサイコロジー」と「価値論」に対応するものである。

(1) 動因論について

　ラプランシュが掲げた問題点の一つ目である「メタサイコロジー」とは，「昇華というプロセスが発生する心的メカニズムとはどのようなものか」という問いである。

　フロイトにおける昇華理論の場合，それは欲動の（ⅰ）脱性化がどのように生じるのか，という問いに換言することができる。しかし，彼自身は，昇

華の過程について，（抑圧と同様）「それが生じる内的条件はまったく不明である」(Freud, S. 1905d, p.239/306) と述べていることもあり，とりわけ初期はそのメカニズムを明確にしていなかった。中期，後期となるにつれ，その詳細な描写が見られるようになったものの，曖昧な部分は依然として残されている。そもそもフロイトにおける欲動とは，有機体の内部からやってくる刺激のことであるが，その最も基本的な目標は「緊張を解放すること」あるいは「緊張を一定の水準に保つこと」である。しかし，昇華と呼ばれる欲動の運命はそうした性質からは大きく隔たっており，性的な満足の代わりとなる満足を得るべく，社会的・文化的に受け入れられる形態へと変容され象徴化される。それはフロイトがしばしば言及する「欲動の可塑性」がもたらすものに他ならないが，欲動がそのような脱性化の運命を辿るのは何故なのか。言い換えれば，欲動を昇華と言われる状態へと変換するその決定因は何なのか。昇華における欲動の状態，あるいは欲動が辿る道筋についてのメタサイコロジカルな描写は比較的容易にできたとしても，その動因についてはあまりに不明瞭な点が多い。

　こうした動因論の問題はフロイト以後の昇華理論においては，ますます複雑になっている。その全貌を明らかにするためには，それぞれの分析家が依っている理論的背景も踏まえる必要があるだろう。

(2) 価値論について

　第二の課題である価値論とは，昇華の定義に含まれている「社会的・文化的に価値あるもの」という部分に関することであり，第一章で，(ii) 社会化とした要素である。フロイト自身がボナパルトへ宛てた手紙の中で「昇華は，価値判断を理解する一つの概念です。実際，昇華が意味するのは，より価値ある社会的な実現が可能になるような別の領域への応用です」とはっきり記しているように (Jones, E. 1957, p.493)，昇華には価値の側面が必ずついて回る。

　ただし，昇華における価値に関する問題の中でも，社会的・文化的に価値があるものの内容が不明であるという点は歴史的に見ても決定的な難点であ

る。昇華理論が曖昧で不明瞭と言われてきた最大の要因と言っても過言ではないだろう。

　フロイトは，昇華を主に高度な知的活動や芸術活動に限定して考えようとしていた。彼が敬愛していた偉人の精神を理解するにあたって，昇華理論が一役買ったという推察は，第一章で述べた通りだが，フロイトにとっての昇華とは，限られた天才だけが為せる所業であり，一般庶民には無縁のものである。それに対して，後世の分析家のほとんどは，昇華を人間全般に遍く見られるものとして捉えるようになっていった。一般的な人間の心の成熟を指して昇華と言う場合や，子どもの成長，遊びの変化を指す場合である。つまり，精神分析家によって見据えている価値の水準が異なるため，昇華の定義そのものが揺らいでいるのである。

　だがそれ以前に，社会や文化が規定する価値とは一体何を指しているのだろうか。それは自明のものでもなければ，明示されるものでも決してない。価値観は，時代的・地域的な背景に左右されざるをえないため，ある時代やある地域では良いとされていたものが，別の時代や地域ではそうならない場合が生じるのは当然である。さらに，同じ文化圏の内側であったとしても，価値を評価する者が変わればその結果はいかようにも変わりうる。序章において，昇華が「個人の内的な心的プロセスと，社会・文化といった個人の外的な環境とを重ねて捉えるもの」と述べたが，前者についての明快な定義が存在したとしても，後者の要素が極めて文脈依存的であるため，ある現象を昇華かどうか判断するのは常に困難が伴ってしまう。

　例えば，今日名作と言われるような芸術作品がその当時は見向きもされなかったというエピソードはしばしば耳にする。近代絵画の到来を告げたと今では言われている「草上の昼食」や「オランピア」が発表された時，作者のエドゥアール・マネは，世間から激しいスキャンダルと反感で迎えられた。その時代の感覚ではまるで価値のない代物であっただけでなく，人々を不愉快にさえしたのである。そうだとしたら，あのマネの芸術活動は昇華とは呼べないのだろうか。反対に，存命中は絶賛されたものの，時の流れと共に忘れ去られてしまう，あるいは否定的な評価が下されることになる芸術家や学

者の場合はどうなのだろうか。

　また，いささか卑近な例になるが，喫煙は果たして昇華の産物と言えるだろうか。フロイトも述べているように（Freud, S. 1905d, p.182/234），煙草や葉巻は，原初的には母親の乳房や母乳から満足を得ていた口唇期欲動が代理の満足を得るための手段と考えられる。煙草や葉巻は世界的に普及している嗜好品であり，文学作品や演劇，映画などにおけるその象徴的な用途は数えきれない。しかし他方で，昨今は喫煙の人体に対する有害性が周知されるようになり，禁煙を促す運動が世界的に広がっている。喫煙者も喫煙行為自体も，高い評価を得るどころか，敬遠され拒絶される対象になりつつある。喫煙が昇華であるか否かを判定するためには，果たしてどの基準に準拠すれば良いのだろうか[1]。

　本書ではこうした問題，すなわち，ある現象や行為が昇華となるための価値基準は何か，という問題については保留にしたい。それについて判断を下すためには，各々の事象について，その時代や文化の特性を検討する必要があり，社会学や倫理学，さらには道徳の問題へもその射程が広がることになるからである[2]。昇華を臨床的に応用することを主眼においている本書では，流動的で多様な社会的要因の検討にまで関心を広げることは控えることにする。

　筆者が試みたいのは，「社会的・文化的に価値あるものを一人の個人がどのように取り入れ，最終的に昇華という心的過程へ用いるようになるのか」という点を考察することである。本章で言う「価値論」とは，このような問いを巡る議論を指している。

---

1) これに類似した問題についてドルトは，他者との交流があるかないかの区別が象徴化の質を決定する旨を述べている（Dolto, F. 1982, pp.48-49）。例えば，子どもの指しゃぶりは，失った母親（乳房）との関係を，視覚的・聴覚的・嗅覚的欲動で置き換えている限りでは象徴化が行われているが，他者との交流は存在していないため，単なる自己満足的なものに留まっている。
2) 十川（2008）は，倒錯について考究する文脈の中で，「そもそもセクシュアリティそのものの病理というものは，自己システムの側から見るならありえない。ある人のセクシュアリティが正常であるか，異常であるかを決定するのはつねに社会の側である」（p.64）と述べているが，これはそのまま昇華にも当てはまる。ある人の心的プロセスや制作過程が，価値あるものなのかそうでないかを決定するのは常に社会の側である。

ところで，こうした価値の問題について考えることは，昇華の理論的探究の枠を超えた，精神分析臨床における極めて大きな意味を含んでいる。ラガーシュも指摘する通り（Lagache, D. 1962, p.4），まず，精神分析家などの治療者は一定の社会的・文化的視点を持っていなければならない。それは守るべき倫理観や専門的知識（医学的知見，心理学的知見など）を持っていることであり，また現実検討力を備えていることでもある。また，患者の抱く価値観，何を良いと思っていて何を悪いと思っているかも治療上重要な素材である。そもそも抱いていた価値観がどのようにして個人史の中で形成されたのかを探求することが本人にとっても，治療者にとっても必要かもしれないし，あるいは，治療の経過を通してその価値観が変容するかもしれない。もともとは個人の外部に存在していたはずのある価値観が，どのようにしてその個人に内在化されるかを考えることは，非常に意義深いことである。ラガーシュは「人は昇華と共に精神分析の中に入っていき，昇華と共に精神分析から出ていく」（Lagache, D. 1962, p.4）と述べているが，昇華とはこのような視点が備わった概念と言える。

　さらに，臨床的応用性を視野に入れた場合，昇華の価値に関する側面を定義する難しさを，あるいは，定義することによって陥ってしまう落とし穴を理解することができる。というのも，"心的プロセスが昇華であるかそうでないかの基準は○○にある" と何かしらの定義をした場合，治療者は固定的な治療目標を持つ可能性があるからである。"症状が安静化して欲しい"，"学校生活に適応して欲しい"，"家族関係を円滑にして欲しい"，"問題行動を控えて欲しい"，"仕事を上手くこなして欲しい" 等々。このような様々な思いを抱くことになり，意識的，無意識的に，患者にそれを課すことになりかねない。それ自体が問題であるか，あるいは推奨されるべきであるかは，その事例の状況や治療者のスタンスにもよるだろうが，少なくともフロイトは，治療者が自分自身の欲望に沿った教育的活動や治療目標を患者に示すことに警鐘を鳴らしている（Freud, S. 1912e, pp.118-119/255-256）[3]。

　それでは各々の分析家が述べる昇華の動因と価値について見てゆこう。

2. 各理論の批判的検討

(1) フロイト

　フロイトが当初示していた昇華概念は，理論的な深みにかけるやや詩的なものだった。それが厳密さを伴うメタサイコロジカルなものになったのは，自我理想という概念装置が導入されてからである。これ以降フロイトの理論体系においては，人間の外部と内部とを結びつける関係がよりはっきりと示されるようになった。

　自我理想とは，個人の内面に価値観が築かれることで形成される一つの内的審級である。そのあり様は「ナルシシズムの導入にむけて」（1914c）や『集団心理学と自我分析』（1921c）の中で展開されたものであり，中後期フロイトのメタサイコロジー論を彩る主要な発想である。それは，ある種の社会的理想が，主体の中に取り込まれるようになり，その後，自我理想（あるいは超自我）という心的な審級を形成するという力動論である。

　ここで，昇華理論における自我理想の働きについて，緻密にフロイトを読み込んだナシオ（Nasio, J-D. 1988）の解釈を導きの糸として議論を進めてゆきたい。彼によると，自我理想には，"昇華過程を始動させる起動装置の役割"と"昇華の動きに一定の制約を加え，方向づけを与えること"の二つの役割が存在する。そして，その前提として，"ナルシシズム的自我の仲介"が昇華の成立に必要であることも述べている。

◆ナルシシズム的自我の仲介

　ナシオはまず，昇華の過程において必ず記述される「脱性化」という表現

3）総じて，これらは治療者のナルシシズムに関する問題であり，その臨床上の課題については，ブレンマンも精神分析症例を用いて論じている通りである（Brenmann, E. 1978）。その一方で，シェトリ-ヴァティーヌは，倫理的誘惑（séduction éthique）の必要性を主張している（Chetrit-Vatine, V. 2005）。これはラプランシュが提唱した（母による）根源的誘惑（séduction originaire）の応用であるが，臨床における昇華の動因ともなりうる治療者の動きを示す可能性を有している。すなわち，分析家が患者に向かって絶えず発する謎めいたメッセージが，患者が更なる心の探求へと進む刺激となるのである。

に注目する。フロイトは，リビドーが昇華されても，それが最初からもつ性的な性質は失われない，と考えている。これは昇華の過程において，欲動そのものが完全に脱性化されるわけでなく，ただ欲動の対象が性的な性質を帯びないものへと向けられるという意味である。そういった脱性化が行われる方向転換のためには，重要な仲介的な操作，すなわち性的対象からリビドーを撤退させて自己自身に向けかえ，最終的にそれを非性的な方向へと導くという操作が必要である。これは後期のフロイトが述べている昇華の過程だが（Freud, S. 1923b, p.30/25-26），このような操作によって，欲動が本来目指していた性的満足という目標は，昇華された満足（例えば芸術的な満足）に席を譲ることになる。

　この操作は自我によって担われるのだが，ナルシシズム的自己満足という仲介的な快感を通して成し遂げられることをナシオは指摘する（p.138/127）。ゆえに，その人のもつナルシシズムこそが，昇華された欲動による創造活動の条件であり，昇華を促進するのである[4]。

◆自我理想の二つの役割

　ナルシシズム的自我が仲介役となって昇華が発動するとしても，その方向性はどのように決定されるのだろうか。欲動が非性的でかつ価値あるものへ移行されるには，昇華の性質上，その時代の社会的価値，あるいは象徴的な理想の支えが不可欠である。フロイトの理論において，それを担う審級こそ自我理想である。

　自我理想にはまず，昇華過程を始動させる起動装置としての役割がある。昇華の動きが始まると，最初のうちは自我理想が作品創造への気持ちを誘発するが，やがてこの創造的情熱が次第に自我理想から離れ自立してゆく。ナシオは「症例ハンス」（Freud, S. 1909b）において，ハンスが音楽に傾倒し

---

[4] フロイトのリビドー経済論におけるナルシシズムという用語は「リビドーが自我へと撤収された状態」という意味であり，今日的な語法としての「自己愛」とは関係がない。それゆえ，前節の議論にひきつけて要約するならば，リビドーを昇華させて満足するのは自我であるが，その自我とは対象からリビドーが撤収してきたことに由来する心的審級である。

ていった様を引き合いに出しながらこのことを説明している (p.140/129)。ハンスの場合は父親が求めてきた音楽が自我理想となっており，次第に音への純粋な愛が芽生え，最終的には理想的なものを基準とし，あらゆる規範や抽象的価値を求める気持ちが創造活動の素材と結びつき溶け合っていった。

　そして自我理想には，昇華の動きに一定の制約を加え，方向づけを与えるという第二の役割もある。自我理想の存在によって，欲動の矛先は性的満足ではない非性的満足へと逸らされ，そのような方向へ進むことが促される。

　ナシオは，これに関連してフロイトが触れている昇華と抑圧の関係について，その真意を読解しようと試みている (pp.140-141/129-130)。それによって昇華と自我理想との関係もより明瞭となる。フロイトは，「理想形成と異なり，昇華は抑圧を介させることなしにその要求が成就されうる逃げ道となる」(Freud, S. 1914c, p.95/143) と述べているが，ナシオの読みによるとこれは，抑圧が解かれることによって，欲動の力が一切の拘束からすっかり解放され，自由になる，という意味ではない。この一文はむしろ，昇華の過程において一定の制約を加えているのは，抑圧のような禁圧による検閲の働きではなく，自我理想の働きである，という意味で取らねばならない。自我理想こそが，欲動の可塑的な能力を高め，そこに枠組みを与える。昇華において自我理想とは，動因でもあり，価値を導入する審級でもある。

　ところで，ナシオはとりたてて強調してはいないが，自我理想とは昇華が展開するにつれ，打ち捨てられるべき存在とも言えるだろう。上述したとおり，自我理想は昇華の過程の始動点となり，方向づけを行うものだが，結果としてその理想に辿り着けない場合や，全く違う方向へ進む場合もある。それどころかむしろ，昇華は理想を諦めてゆく過程と言っても良いかもしれない。先に引用したフロイトの言葉の直前には，「理想形成は，既に見たように，自我の諸要素を強め，抑圧の最も強力な援護となる」(p.95/143) という一文があるが，ここから読み取れることは，もし理想に固執するのであれば，それは逆に抑圧の力を強めてしまい，昇華への道が閉ざされるかもしれないということである。この点に関連して，ラガーシュも精神分析実践を語る文脈で，「それゆえ，自律的な経験によってのみ，精神分析の価値論的な

備給（l'investissement axiologique）が理想から昇華へと変容するのだろう」（Lagache, D. 1962-64, p.204）と述べている。以上の見解を要約するならば，昇華は理想を起点としながらもそこから離れていく過程と言うことができるだろう。

(2) 自我心理学

　後期フロイトの第二局所論を引き継いだ自我心理学の理論的基盤にあるのは，自律性を持ち，独立した主体性を有する自我の存在である。自我は短絡的な満足や欲求を断念し，制限し，延期させる機能を司っている。さらに，現実の要請に従いつつも欲動をある形に置き換えたり，一時的に解放することも可能にする。言うまでもなく，昇華をもたらすのも，こうした自我の役割である。それは，昇華を防衛の一つと位置づけたアンナ・フロイトにおいても，成功した防衛全般を昇華としたフェニケルにおいても，適応のメタサイコロジーを説明するために昇華を語ったハルトマンにおいても，みな同じである。すなわち，自我心理学において昇華とは，防衛や適応といった人間が生きてゆくために必要な要請に応えるために，自我が能動的に実行する一つの操作なのである。

　この前提に立った場合，昇華の動因は防衛や適応のため，ということになる。エスの思い通りにならない現実の要請にぶつかった時，あるいはぶつからないよう適合する時に昇華が生じることになるだろう。

　一方，価値の導入に関しては，それぞれ異なった見解が認められる。アンナ・フロイトは，それが超自我の働きであると明言しているが（Freud, A. 1936, p.56/65），フェニケルは，価値については不問にすべきと述べている（Fenichel, O. 1945, p.141）。そして，ハルトマンは，自我自律性が価値の導入を果たす旨を示唆している（Hartmann, H. 1955）。極端に言うとこれは，人間には遺伝的に健康になる術を知る機能が備わっている，という発想である。昇華における価値の方向性は，自我自律性が自ずと決定することなのである。

(3) 対象関係論

　ここでは専らクラインによって示されたオリジナルな昇華理論について見てゆこう。昇華の方向づけについてクラインは，自我理想の他に償い（reparation）が重要な役割を果たすことを指摘した。その言及は，抑うつポジションの概念が提出された中期以降になって見られるものである。

　償いとは，抑うつポジションにおいて，乳児が母親を破壊してしまったという感情やその罪悪感に直面し，その絶望から母親を外的にも内的にも復活させようとする心の働きである。母親に関わる内外の対象が空想上で償われることによって，自我も統合され，より安定した対象関係を築けるようになるのだが，彼女はこの原初的な償いの経験がその後の人生で起きる昇華の成立条件になると考えた。

　さて，この流れを時間経過に沿って記述してみるが，ここで重要な契機となるのは，乳児に栄養や快を与える養育者（一般的には母親）が不在となる瞬間である。養育者の世話が一時的にせよ欠落することは避けがたいことであり，この喪失は乳児が必然的に体験せねばならないものである。それゆえ生まれながらにして生の本能と死の本能がうごめいている乳児は，母親の不在およびそこから生じる不快な感覚によって，死の本能を活性化させる。「不在」を象徴水準で扱うことのできない乳児は，それを「悪い」対象による仕業だと具体水準で認識するからである。しかし，乳児はいずれ，それまで悪い対象だと思っていたものと良い対象だと思っていたものが同一であるということを洞察し感知することを通して，このような段階から抑うつポジションへと移行する。そこに至り乳児は，もはや分裂しておらず，自己のもつ攻撃性を悔い，罪悪感を抱くようになる。そして良い対象に対する寂しさ，思い焦がれ，切なさ，悲哀といった様々な抑うつ的な情緒を発展させてゆく。償いの願望がわき出るのはそのような時である。

　クラインの考えによると，この経験は，その後の人生で再三繰り返されることになる。人が身近な大切なものを失う経験は，人生においてたびたび繰り返されるからである。私たちは，そうした喪失に関わる心の作業（喪の作業）をし続けねばならない。クラインによれば，こうした作業を通してなさ

れるのが昇華である。

　それゆえ，クラインにとっての昇華の動因とは，人生早期の償いの経験ということになる。一方，価値の導入については，とりたてて議論がなされていない。償いの経験がもたらすのは，いわば体験のひな型，体験様式であり，その中身についてではないのである。

　ただ，少し異なる文脈ではあるが，クラインは，躁の本態とも言える万能感や理想化が昇華を刺激するとも言っている（Klein, M. 1940, p.349/129; 350/131）。この段階で償いを進める心性は生じていないだろうが，一つのきっかけにはなるようである。これは先にナシオの読解を借用して見た理解（昇華は理想を規範としながらもそこから離れていく過程）同様の発想と言えるかもしれない。理想化によって方向づけられた昇華の動きは，最終的に「万能感が薄らいでいく」（Klein, M. 1952, p.75/97）過程を辿る。

(4) フランス精神分析

　第二章で挙げたフランス精神分析の昇華理論のうち，動因と価値についてのオリジナルな見解を明瞭に抽出できるものは多くはない。それは，各々の分析家の昇華理論が，基本的にはフロイトを基盤に据えているからである。彼らの仕事はむしろ，そこから発生する諸問題を考察することに焦点づけられている。言い換えれば，理論的な更新や概念の転換が示されている研究はむしろ少ない。その中でも注目に値するシャスゲ‐スミルゲルとドルトの昇華についてここでは見てゆこう。

◆ シャスゲ-スミルゲル

　シャスゲ‐スミルゲルが，単なる理想化や倒錯と厳密に区別して定義する昇華とは，人がエディプス的な近親姦願望を諦め，エディプス葛藤の課題を乗り越えることによって生まれる内的成熟である。そこには，父への同一化があり，エディプス・コンプレックスの克服が条件となる。彼女によれば，近親姦の欲望を諦め，父親のファルスを内在化し，そこで獲得した価値基準に基づいて，創造的な活動を進めてゆくことが昇華である。

この場合，昇華の動因は，エディプス的願望を諦める地点から始まる（古典的にはこれは父性的な去勢を受けることを意味する）。また，価値基準は内在化されたファルスによってもたらされることになる。

◆ドルト

シャスゲ‐スミルゲルの言う昇華の特徴は，エディプス期に特化した機制と見ている点であるが，ドルトはさらに広げられた発達段階を想定している。

ドルトの考える昇華とは，一次的に欲動を満足させていた回路を断ち切り，結果として「迂回路（circuit long）」の経由を強いる去勢によって実現される。彼女がこれを象徴産出的去勢と呼ぶのは，欲動が迂回路を通ってそれまでとは異なる満足を得る際に，もともとの満足の目標が象徴的に置き換えられるからである。また，欲動は，各々の発達段階において優位に働く身体部位が変遷してゆくので，去勢の種類もそれぞれの発達段階に応じたものになる（臍帯去勢，口唇期去勢，肛門期去勢，一次去勢，エディプス期去勢）。各段階においては，適切な時期に適切な去勢がなされる必要があり，そうすることでその段階固有の昇華が達成され，子どもは正常な発達を遂げることとなる。

それゆえ，ここでいう昇華において価値をもたらすのは，ほかならぬ去勢を執行する養育者である。子どもがそれまで直接的に満たしていた満足の供給をやめ，あるいはそのような満足の手段を禁じ，その代わりとなる象徴的な別の手段を提示してやる時，その新しい手段の内部に必要な価値観が含み込まれているのである。不十分な去勢のために子どもが神経症，あるいは倒錯になるとすれば，それは，代わりとなる満足の道や手段が適切に提示されていなかったか，あるいは不適切な道が提示されてしまった場合である。それゆえドルトは，去勢を執行する人間も去勢されている必要があると再三強調している。

3. 考　察

(1) 動因論について

　ここまで「昇華をひきおこす心的メカニズムとはどのようなものか」という問いに答えるべく，複数の分析家の昇華理論を取り上げてきたが，それらの議論をまとめるならば，次の三つが昇華の動因として抽出できるだろう。

［あ］自我機能

　フロイトを始めとして，精神分析理論の全般に言えることだろうが，昇華という心的操作を実行する動作主は自我である。ただし，分析家によって，そのニュアンスが異なることには注意しなくてはならない。フロイトの場合（主としてフロイト後期モデル）で考えれば，昇華に関わる自我とは，リビドーが撤収されることによってできあがった「ナルシシズム的自我」と捉える方がより適切である。一方，自我心理学において昇華を担う自我は，よりその能動性・主体性が高い。とりわけ，ハルトマンに至っては，自律的に心的プロセス全般を管理している心的審級と捉えることができそうである。

　また，その際自我理想が大きな役割を果たす。内在化された自我理想は，最初の象徴的始動点となり，昇華のきっかけが与えられる。そして，欲動の可塑的な性質を高め，昇華の進む道を方向づけるようになる。

［い］体験のひな型としての償い

　クラインの理論に基づくもので，原初的な喪失に対する償いの作業をすることが後の昇華の条件となる。また，そのような欠如は養育者である母親の不在，あるいは良い乳房の不在に由来するものであるため，人間が避けがたく被らなくてはならない運命にある。

　本章では詳述できなかったが，ラプランシュの昇華にも類似点が見て取れる。彼がフロイトの読解を重ねて至った結論によると，昇華の起源は，人生の最早期に被った原初的な喪失に見出すことができる（根源的誘惑）。ただし，そこでいう喪失とは自己保存欲動であり，各々の身体部位と密接に関わ

っている。

[う] 去　勢
ドルトの理論に基づく命題である。象徴産出的去勢によって昇華がもたらされるための条件としては，禁止の「掟」を与える養育者，年長者が子どものことを思いやり，その願望を理解してやること，さらには自身もその「掟」に従っていることが不可欠である。また，シャスゲ-スミルゲルの議論における，近親姦の掟を受け入れることも同様に去勢と言えるものである。

以上が，昇華をひきおこす動因についての三つの命題である。言うまでもなく，これらは先行研究の読解によって引き出されたものであり，[あ] [い] [う] の三つを同時に満たすような心的メカニズムが，ただちに有意義な昇華モデルになるわけではない。それは，次の価値論に関しても同様である。

(2) 価値論について
次に，昇華のプロセスにおける価値基準がどのようにして導入されるかという価値論の問題について振り返ろう。ここまでのレビューを踏まえれば，それは次の三つに分類できるだろう。

[ア] 内的審級の形成
フロイトの場合は自我理想，アンナ・フロイトの場合は超自我を指すことになる。シャスゲ-スミルゲルの場合は，父親のファルスの内在化という表現がある程度で，何か特別な審級が形成されるとは記されていないが，同類のものと考えて良いだろう。これらはいずれも人間が成長する過程で，心の中に設けられる一つの構造を持ったもの，一つの心的装置である。これがひとたび形成されれば，理論的にはこの装置が外界を見極め，昇華のための方向づけを示すことになる。

［イ］自我自律性の機能

自我自律性の機能とはハルトマンの理論に依っている。独立した自我が先天的に自律性や健康さを備えており，価値基準や衝動（欲動）を導く目的も把握しているという考えである。

［ウ］去　勢

ドルトの理論に基づいており，この場合，去勢をもたらす他者がある価値を導入する担い手となる。昇華によって欲動は，直截的で短絡的な道ではなく，現実を加味した，迂回路を経由するようになる。去勢という他者の介入が，短絡路を断念させるきっかけを作り，新たな価値を備えた迂回路の可能性を開いてゆく。

(3) 諸理論の類型化

第二章の考察部分で分類した昇華の諸理論に，本章で検証した動因と価値の側面を付け加えまとめると，以下の表1のようになる。

クラインの償いとしての昇華は，第二章で考察したように，フロイト後期モデルの応用形が基盤にあると考えられる。そのため「後期（応用）」と表記した。また，クラインの昇華に関する価値論は，いずれも文献からは読み取ることができなかったため暫定的に「？」としている。

表1　フロイト以後の昇華理論の類型

精神分析家	フロイトモデル	動因論	価値論
アンナ・フロイト	後期	［あ］	［ア］
フェニケル	後期	［あ］	（不問）
ハルトマン	後期	［あ］	［イ］
クライン（初期）	前期	［あ］	？
クライン（償い）	後期（応用）	［い］	？
シャスゲ・スミルゲル	前期	［う］	［ア］
ドルト	前期	［う］	［ウ］

* ［あ］：自我機能，［い］：体験のひな型としての償い，［う］：去勢
* ［ア］：内的審級の形成，［イ］：自我自律性の機能，［ウ］：去勢

この類型表は，各々の精神分析家が描く昇華理論の論点を強調させるための分類であり，あくまで文献読解から得られるものを取りまとめただけに過ぎない。それゆえ，厳密にメタサイコロジカルな考察を重ねれば，さらに記号を記入できる箇所も少なからずあるはずである（例えば，自我の機能は，精神分析理論である以上，すべてのモデルにおいて動因として機能していると考えられる。また，価値論において何かしらの内的審級が関与していることも同様に退け難い発想であろう）。

(4) 自我自律性への批判

　自我心理学が栄華を極めた時代に中心的な役割を果たしたハルトマンが提起した自我自律性の考え方は，仮説としてはシンプルでかつ明瞭であるが，昇華の価値論を語る上では，いささか不適切であるように思われる。というのも，外界の価値基準は，時代や地域に大いに依存するものであり，遺伝的本能にせよ，ある種の絶対的な基準を備えているとは想定しがたいからである。

　自我心理学の中には，人は遺伝的本能を持って生まれてくるので，世界に直面した時，それを知覚し，新たな発見をする必要はなく，思い出し，再認するだけで良い，とする考え方が存在する。しかしながら，時代や文化といった現実的な側面に大いに影響を受けている昇華を語るためには，外的世界との関わり，あるいは外界を取り込む機制といったものを想定せずにはいられないのではないだろうか。それがないとするならば，人々が目指すところは，常に共有された同じものということになり，個々人が真にその人らしい人生を送ることを目論む精神分析の態度とは相反するものになってしまいかねない。

　おそらく，これまで自我心理学に向けられた最大の批判もこの類のものであろう。ラカンは1950年代，自律した自我が生来的に人間の中に存在しているという自我心理学の前提的発想を繰り返し非難している。ラカンは当時，「他者によって主体が規定される」，あるいは「他者との相互関係によって初めて主体が形成される」とでも要約できることを一貫して主張していた。こ

のような人間の捉え方は，多くの精神分析的理解に通底しているものであり，外部の価値観が影響してくる昇華理論を考える際にも欠かすことのできない視点と言えるだろう。

(5) 現実原理,あるいは解放機制について

　もはや自明の事柄かもしれないが，様々な分析家による昇華理論を概観した今，改めてこの点を指摘しておきたい。それは，いずれの定式においても，昇華が二次過程だということである[5]。

　そもそもフロイトが想定した昇華とは，欲動の直截的な満足を一旦諦め，異なる形で満足を得るという過程である。これはまさしく心的二原理のうち現実原理においてなされることである。また，理想を捨てるということ，欠如を受け入れていくということ，妄想分裂ポジションから抑うつポジションへ移行すること，欲動の短絡路を断ち切り迂回路を経ること，これらはみな一次過程ではなく二次過程を選択していることに他ならない[6]。

　それゆえ，二次過程としての昇華は，定義からして現実原理を必要としており，そのプロセスの内部にはそもそも外界の価値の如何を取り入れる機制が存在しているはずである。翻って考えてみるに，昇華のプロセスは，象徴的理想や社会的価値が取り込まれることによって形成された自我理想が方向づけを行う。この自我理想とは，あくまでその主体にとっての理想であり，主体の「心的現実」として刻み込まれた理想である。それゆえ，自我理想によって導かれ獲得された成果が，時代の総意あるいは一般的な価値観（もしそのようなものがあるとすればだが）と一致していない可能性も十分にありうるわけである。そうなると当然，同じ行為や現象，芸術作品も，判定する他者によって昇華とみなせる場合もあれば，そうでない場合も生じてくる。

---

[5] フロイトが当初想定していた心的装置において，一次過程とは一度登録された記憶表象を再現することで満足を得るものである。それに対して，二次過程に至ると，この表象に対応する対象を外部に見出す努力をするようになる。そこで導入されるのが，現実原理である。
[6] 快原理と現実原理の関係がそうであるように，一次過程と二次過程は対立する関係にはない。現実原理は快原理を現実との関係で維持するための方法であり，思考の力によって迂回させられた快原理ということができる。

本章の冒頭でも述べた昇華の価値論を語る際の難しさ，そして人の心を深く追及する精神分析臨床がそれを考えてゆく際の糸口はここにもあるだろう。

その点を踏まえると，ラガーシュが昇華を「防衛機制」ではなく「解放機制（mechanism de dégagement/working-off mechanism）」としたのは示唆深い。解放機制の考えを導入したのは反復強迫について省察したビブリング（Bibring, E. 1943）であるが，ラガーシュは防衛機制と対比させる形で理論的発展に寄与した（Lagache, D. 1962）。彼によれば，防衛機制は，快原理に従って内的緊張を早急に軽減することを目指すが，解放機制は，現実原理に関与しつつも，ある程度の緊張の増大を冒しても獲得するものの可能性の増大を目指す（それによって反復強迫的な疎外的同一化から解放される）。昇華とは，受け入れがたい欲望が，社会的・道徳的に認められる価値をもった対象や目的の中に出口を見出すプロセスである。それゆえ，まさしく現実原理とのせめぎ合いの中で，幸福な解決策を見出す解放機制と言うことができる。

昇華の概念は，現実原理に従うことを迫られ，多かれ少なかれ，不幸や苦悩，居心地悪さを感じるようになった人間が，どのように生きてゆくかを探求する精神分析実践に，一つの視座をもたらすものと言えるかもしれない。

(6) 臨床的応用性の視点より

フロイト自身は，精神分析の目標と昇華とを結び付けることはしておらず，ただ技法論文の中で，治療者が患者の昇華を求めることに注意を促している程度に過ぎない。だが，病因として想定される欲動が症状形成に使われず，社会的に受け入れられるあり方に変容することができるならば，それは一つの望ましい姿であり，治療の方針と見なせそうなものである。実際にクラインは，初期の論文の中で，「原則として私たちの経験によると，精神分析とは専ら昇華を促進することである」（Klein, M. 1923b, p.91/107）と明言しており，症状を生まずに健常者のように昇華を実現させる方法を思案している。

さて，ここで本書の最大の目的である，昇華理論の臨床的応用性について考えてみたい。昇華が一つの神話，あるいは修辞句に過ぎないのならば，理

論的整合性が取れていれば，それ以上求めるものは何もない。しかし，本書はその地点に落ち着いてしまうのではなく，私たちが実践する臨床のあり様や，患者のあり方を記述するための術語にしてみたいと考えている。

そこでまず必要となるのは，二人の異なる存在に言及されている理論モデルである。二人の人間の実際のやり取りや心の交流がどのように起きているのかを考える枠組みが用意されていなければ，面接室で患者と治療者の間で生じていることを考える際，限界に見舞われてしまうのは目に見えている。

こうしてみると，やはり［イ］自我自律性によって価値論を想定している昇華モデルは，臨床的応用性に乏しいと見なさざるをえない。また，動因論で［あ］自我機能，価値論で［ア］内的審級の形成，としているだけの昇華モデルも，二人の人間の交流を描写するには，十分な装置とは言いがたい。自我機能（および自我理想の形成）も内的審級の形成もいずれも，他者との関連が背景にはあるに違いないだろうが，少なくとも本章で取り組んだ文献研究からは，二者の交流がありありと描き出されている様子は見出せなかった。

それに対して，ドルトによる象徴産出的去勢は，臨床モデルを想定しやすい昇華理論と言うことができる。これによると，昇華のプロセスが始まる動因も，その中で照応される価値観も，他者の去勢によってもたらされるからである。こうした考えを応用するならば，ドルトの言う去勢を執行する養育者が治療者に，去勢を受ける子どもが患者に置き換えられることで，臨床実践のある側面を切り取り，提示できる可能性が十分に残されていると思われる。それについては，第五章にて集中的に論じられる。

また，動因論において［い］体験のひな型としての償い，としたクラインの償いとしての昇華は，早期における母子関係，内的空想における他者との関係が色濃く反映されている理論である。臨床場面では，転移の中でこの早期対象関係が扱われる可能性は十分にあるだろう。実際，ビオンの名前を出すまでもなく，この側面を詳細に検討してきたのはクライン派の精神分析家たちである。ただし，この昇華モデルの価値論の側面については現時点では保留としておく（第四章の末部にて言及する）。

以上，本章では暫定的な提言として，ドルトによる象徴産出的去勢と，クラインの償いとしての昇華の二つが臨床的応用性を孕んだ理論と仮定したい。第三部では，この二つの理論が議論の中心となる。なお，この二つはそれぞれ，フロイト前期モデルとフロイト後期モデルを背景に持つ昇華理論であることも指摘しておこう。

第四章　クラインの昇華理論再検討

1. クラインの昇華理論に関する評価

　既に見てきたように，クラインの著作群における昇華という用語は，『児童の精神分析』の中で散見されるような，子どもの健全な発育や象徴性の獲得を指して呼ばれる初期と，抑うつポジションにおける償いと関連して語られる中期以降に，大まかに分けることができる。

　初期におけるクラインの昇華理論は，攻撃性の昇華について記述していることを除けば，とりたてて特別なことを言っているわけではない。一方，中期以降の償いとしての昇華は，精神分析史全体の中でもとりわけユニークであり，その性質は理論的整合性と臨床的応用性の観点から見て非常に豊潤な可能性を孕んでいる。それゆえ，昇華理論を臨床実践において有用なものにしようと試みる本書では，これを深く掘り下げてゆき，実践の領域にて議論してゆく必要がある。

　しかしその前に，彼女の昇華理論の枠組みは，フロイトのそれの範疇を超えており，もはや償いにとって代わられた，あるいは別物である，という言説が少なからず存在することに目をやらねばならない。例えば，ゴッソは次のようにまとめている。

　　昇華は，フロイトのリビドー理論の内側で発展したが，それによると，エスからの欲動は，外界からの圧力のもと社会的に受け入れられる創造的な可能性へと変形される。それに対して償いは，原初的関係の視座から産みだされ

たものである。乳児は母親や母親の身体の内容物に対して，攻撃性を向けることを試みるが，それは最終的に，気遣いや呵責へと導かれることになる。これらの感情から思いやりが生まれ，それらは創造したいと駆り立てられることの起源となる。自らの理論を展開させるのと同時に，メラニー・クラインは昇華の考えを捨てるようになり，償いの考えを発展させた。(Gosso, S. 2004, p.3)

ゴッソのこうした見解は，欲動論と対象関係論の差異に集約できるだろう[1]。

実際に，時代を経るにつれ「フロイト博士」との見解の相違を露わにしたクラインは，後期の著作において，昇華という術語を使うことが極端に少なくなっている。では，クラインにおける「昇華」という用語は，償いに関する着想を記述するために借用されただけであり，フロイトに端を発する昇華概念の展開の中に組み込まれるべきではないのだろうか。仮にそれが真であり，クラインの言う昇華には，償い以上の意味も含蓄もないならば，昇華に特化した固有の論理を追求する本書においても，それを一旦切り離しておく必要があるだろう。

本章では，こうした言説に一つの疑問符を投げかけ，ラカンの議論を経て，クラインの昇華理論を再考してみたい。その目的は，クライン自身の主張の真意を探り当てることではなく，クライン派の言う償いの概念だけでは網羅しきれない昇華理論の含蓄を検討することである。そして第三章で検討した諸特徴も踏まえて，筆者が考える昇華の新しい定式化を提示する。

---

[1] 現代クライン派の中には他にも，償いと昇華の違いを異なる観点から説明する論者がいる。メルツァーによると，フロイトにとっての昇華とは，多形倒錯的な小児性衝動が，社会に受け入れられる脱性化したあり方で，外界の活動にトリッキーに向けられることである。それに対して，クラインの昇華とは，「償おうとする欲動（drive to reparation）が昇華の主な刺激となるのであり，それゆえ昇華は事実上，償いの行為である」(Meltzer, D. 1978, p.190/283)と説明される。また，スピリウスが編纂した『新クライン派用語辞典』には，そもそも昇華の項目はないが，償いの項目には次のような記述がある。「償いは，昇華とは区別される。昇華は性愛的衝動や攻撃的衝動をより象徴的な活動へと，建設的に向き替えることを意味する。償いも確かに，衝動と関連があるが，攻撃的な要素の効果を是正する空想にその本質がある。」(Spillius, E. B. et al. 2011, p.471)

2. 症例ルース・クヤール

　償いのメカニズムが具体的な事例によって提示されたのは，1929年の論考で取り上げられたルース・クヤール（Ruth Kjär）という名の中年女性の症例においてである。これは，クライン自身が経験したものではなく，カーリン・ミカエリス（Karin Michaëlis）というデンマークの分析家の「The Empty Space（うつろな空間）」という論文に掲載されている素材である[2]。その概要を以下に示そう。

> 　ルース・クヤールは結婚後しばしば抑うつ状態に陥ることがあった。彼女の部屋には著名な画家である義兄が描いた作品が壁一面を覆っていたが，ある日その中の一枚の絵を義兄が持ちだしたことによって，壁にうつろな空間が残されることになった。彼女には，その壁のうつろな空間と自分の中のうつろな空白とがピッタリと一致するように思われ，名状し難い深い悲しみに沈んだ。そのうつろになった壁の空間が彼女にすべてのものを忘れさせ，自分に醜く迫ってくるような体験をしたという。
>
> 　ある日，彼女はこの空間に思い切って自分で絵を描いてみようと決意した。そこで夫は，それまで一度も絵を描いたことのない彼女のために，絵画道具一式を揃えた。彼女は最初，どうすれば良いのか皆目見当がつかなかったものの，その日等身大の黒人の裸像を描き，うつろな壁の空間を埋めてみた。すると，彼女の気分はすっかり良くなった。その絵を見た夫は，あまりの素晴らしさにそれが彼女の手によるものとは到底思えなかった。
>
> 　その晩，描き上げた絵を義兄が見にやってきた。すると彼はひどく驚いて，「この絵を自分で描いたなどと言って私を騙すつもりじゃないだろうな！　なんというひどい嘘だ！　この絵は熟練した画家の絵だぞ。それは一体誰なんだ。私にも分からないな！」と言い信じようとしなかった。自分がからかわれていると思った義兄は帰り際に「ルース，もし君がこの絵を描いたとい

---

2) なお，この女性画家はルース・ウェーバー（Ruth Weber 1894-1977）という本名をもつデンマーク人で，実在した人物である。オルセンが彼女の詳細な病跡学的研究を残している（Olsen, O. A. 2004）。彼女の診断に関しては，メランコリーと記述されているものの，実際にどの程度心的機能が働いていたのか，どのような症状があったのか，また生活史や病前性格がどのようなものだったのかは，いずれも判然としない。

うなら，私は音符一つ読めないけれど，明日ロイヤルチャペルでベートーヴェンの交響曲を指揮してみせるよ！」と吐き捨てて出ていった。

　絵を描いてから，彼女は内なる情熱に焼き尽くされるほど高ぶっていた。あの時感じた名状し難い幸福感，神聖な感覚をもう一度確かめずにはおれなくなった。以後，彼女は数々の絵を描き，最終的には「あのうつろな空間はついに満たされました」と言うに至った。彼女の作品は一枚を除き，すべてが肖像画で，その多くが親族の肖像画であった。

　ルース・クヤールが体験したうつろな気分とは，抑うつの症例でしばしば報告される空虚感，虚無感と考えられるだろう。彼女は「うつろな空間」と語っているが，対象関係論的な視点に立つならば，それは彼女の内的な空虚感が壁の空白に投影された，あるいは壁の空白が彼女の空虚感を喚起した結果と理解できる。そして彼女の奇跡的とも言うような制作行為とその作品が，この「うつろな空間」を埋め，さらには彼女の心の空虚感を塞いだ，というのがこの話の筋である。

　いささか訝しげなエピソードにも思われるが，クラインはこの症例から，エディプス葛藤の早期段階で生まれるサディスティックな欲望が，次第に愛の対象を喪失する恐怖となり，最終的に傷つけてしまった母親を償い，自分自身をも立て直そうとする欲望へと変容していく過程を説明している。こうしたプロセスと昇華との関連は既に述べた通りである。

　ところで，この事例が取り上げられる 1929 年以前にも，クラインの論文からは，子どもが壊れた物を直す過程が注目されていたことが見出せる。ただし，その現象のクラインによる位置づけは異なっている。例えば，「正常な子どもにおける犯罪傾向」（Klein, M. 1927）の中では，子どもが壊した玩具などを修繕しようとすることを，彼らの破壊性に対する「反動傾向（reactive tendencies）」と記述しているに過ぎない（p.175/211）。ルース・クヤールの症例が示された 1929 年以降，クラインは償いを反動形成とは異なる，特別な心的過程として描写するようになったのである（Klein, M. 1935, p.265/25）。

3. ラカンの〈物〉と昇華

1959年から60年にかけて「精神分析の倫理」という題で開講されたセミネールの中で，ラカンもこの事例を引用している。そこで彼は，ここに出てくる空白こそ失われた〈物〉を示すものであり，空白を埋めるルース・クヤールの描画行為は昇華である，として議論を展開している。

(1) 〈物〉

周知の通りラカンは，フロイトが構築した無意識を巡る理解体系，さらには技法を，言語の構造と関連づけて体系化することを試みた精神分析家である。無意識の構造，症状形成，神経症／精神病，エディプス・コンプレックスなどの概念をラカンなりに読み解いていったのが初期の彼の仕事と言ってもいいだろう。

ここで問題となっている〈物〉（仏：la Chose，独：das Ding）とは，主体が人生最初期の段階において，言語（ランガージュ）で構成されている世界に入ることとひきかえに被る喪失の痕跡を指した言葉である。ラカンによれば，この〈物〉の本性は母親にある（Lacan, J. 1986, p.82／（上）99-100）。主体は原初的に母親とのある充足体験をしていたものの[3]，それは言語の中で生きる以上，避けがたく失われ，断念されることになる[4]。ひとたびそれが失われると，満足それ自体はそのままの形で存在することはなくなり，後にはその傷跡や裂け目が残されることになる。本質的にはなくなったものであるため，主体は当然〈物〉そのものを直接的に見ることも触れることもで

---

[3] ここでいう母親とは，主体がその始原において直接的な関係を持ち充足体験を与えてくれた存在としての母親であり，生物学的・法的・社会的にどのような属性を有しているかは重要ではない。また，ラカンは，対象関係論でいうような，原初的に母子が密着した二者関係の存在を否定している（Lacan, J. 1998）。母子の間にはファルスという第三項が常に関与しているからである。

[4] ラカンの理論によれば，根源的満足は，シニフィアンにとって代わる。そのため，以後失われた根源的満足（失われた現実）は，シニフィアンの領域の外部に位置づけられてしまうものの，それは同時に中心的な一つの「空」を構成する。ラカンは〈物〉を，シニフィアンの領域の中心をなす外部という意味で「外密（extimité）」のトポスと名づけている。

きないが，にもかかわらず主体の内部にその痕跡が刻み込まれているとラカンは考える（このような意味で〈物〉は，現実的なもの（le Réel）の領野に属する）。

このような〈物〉という概念を導入することによって，ラカンはフロイトの諸発見を，それを巡る様々な事態として捉え直した。それによると欲動とは，この無，すなわち欠如としての〈物〉を目指して絶えず動き続けるものということができる。つまり，根源的喪失を被った後に，原初的な満足を求めてあくなき追求を続けるものなのである。しかし，その目的地には結局のところ何もないので，欲動はそれに代わる何らかの対象に狙いを定め，かりそめの満足を得ようとする。

(2) ラカンの昇華理論

以上のように，〈物〉とは二度と出会えない到達不可能なものでありながらも，私たち人間が常に切望し，哀悼する永遠の存在である。それは人間の内に刻み込まれつつも，逆説的に絶対的な他者，到達不可能な外部としてあり続けるため，〈物〉はそれ自体把握されることはありえない。

しかしながら，〈物〉を塞ぐような形で何かを置く，あるいは〈物〉を取り囲み迂回させる，ということができれば，それを間接的に把握することが可能になる。存在しないものはそれ自体としては知りようがないが，それにヴェールを被せることができれば，ヴェールを介して一つの影を感知するように，背後にあるものを捉えることができるからである。ラカンが「〈物〉はその本性上，対象の再発見という形で，他のものによってしか表されない」（Lacan, J. 1986, p.143／（上）178）と述べるのは，〈物〉のこのような性質を指してのことである（この言葉は，フロイトの「対象発見とは本来，再発見である」（Freud, S. 1905d, p.222／284）という命題をラカンなりに読解した結果とも言えるだろう）。

ラカンによれば，〈物〉の空虚さにヴェールを被せ塞ぐようなメカニズムこそが昇華である。想像的な形成物としてのヴェールが昇華によってかぶせられることで，喪失した〈物〉を求めて邁進する欲動の動きを止めるこ

と(目標制止)が可能になる。つまり、ヴェールが防護壁のような役割を果たすのである。また同時に、ある種の「空」を形成し、ヴェールの背後には何かが隠されているのではないか、という思いをかき立てさせる。芸術作品など、昇華による生成物が人々を惹きつけてやまない理由はここに見出せる。実際には空虚でしかない〈物〉の場にも何かがあるのではないかと思わせることで、人がその対象に引き寄せられることになるからである。このような意味において、ラカンは、昇華に対して「対象を〈物〉の尊厳に高めること」という定義を与えている（Lacan, J. 1986, p.133/(上)167)[5]。また、〈物〉自体は無でしかなく、取り扱い不可能であるが、〈物〉にヴェールがかけられれば、ヴェールを介してそれを取り扱うことが可能になる（これは昇華における象徴化の要素とも関連深いものである）。このように昇華とは、ヴェールの生成によって失われたものの尊厳を再現する機能であり、根源的な喪失に対応する一つの過程と言うことができる。

　ところで、ラカンはこれに関して、中世ヨーロッパの宮廷愛の例を好んで引き合いに出している。その中で騎士たちは既婚の貴婦人の存在を豪華絢爛な詩的修辞によって、高めに高めようと試みる。しかし、物語中に出てくるその貴婦人の個性は描かれることがなく、無名のままであり続ける。文字どおり、ヴェールに覆われたままの存在なのである[6]。

---

[5] 立木（2012a）が詳細な読解を示しているが（p.168)、この定義は要するに、昇華は想像界の対象を現実界の対象にまで高める、という意味である。また、この定義からは一見すると言葉遊びのようなものも見出すことができる。芸術は、「物をオブジェ（＝対象 objet)の尊厳へと高める」ものとして一般に理解されているが、ラカンはそれを逆に「対象（objet)を〈物〉の尊厳へと高めること」としたのである。

[6] エヴァンスも説明しているように（Evans, D. 1996, pp.200-201)、フロイトの昇華とラカンの昇華はいくつかの点で相違点が見出せる。要約すると、フロイトにとっての昇華とは、欲動が異なる対象（非性的な対象）へと向け換えられることである一方、ラカンのそれは、対象ではなく、対象の幻想における構造が変化する。それゆえ、対象の崇高な性質（sublime quality)は、対象そのものに内在する特性に由来するのではなく、幻想の象徴的構造における対象のポジションの効果に由来する。

4. 昇華理論再考

　ここで改めて，フロイトとクラインの昇華理論を振り返り，ラカンのそれとの関係を考察してみよう。

(1) フロイト，クライン，ラカン

　第一章の考察でも示したように，フロイトが述べた昇華は，その理論的モデルが異なる場合もあるものの，その要素は，欲動の (i)「脱性化」と (ii)「社会化」の二つに分けることができる。

　(i)「脱性化」とは，フロイト前期モデルにおいては，リビドーの性的な性質が剝ぎとられ，別の目標や対象に置き換えられることであり，フロイト後期モデルにおいては，対象に備給されたリビドーが撤退された結果，中立的なエネルギーが生まれることである。(ii)「社会化」とは，脱性化された性欲動が，社会的・文化的に価値あるものへと転換されることである。

　さて，クラインによって規定された償いとは，簡潔に述べるならば，「自らが破壊してしまった良い対象を，悼み，修復してゆく心の作業」である。この定義から，筆者は死の本能（対象の破壊）と生の本能（償い）の要素を見出したし，メルツァーは，償おうとする欲動（drive to reparation）が昇華の主な刺激となる旨を述べた（Melzer, D. 1978, p.190/283）。クラインもおそらくは，欲動論を念頭に理論形成を進めていったことであろう[7]。その点で，昇華における (i) 脱性化の要素を認めることが可能である。しかし一方で，ゴッソが考えるように（Gosso, S. 2004），クラインが述べる償いとは，クライン派精神分析が最重視している無意識的空想や内的対象関係の枠組みに純粋に適合するものである。つまり妄想分裂ポジションから抑うつポジションへと移り変わる心のあり様そのものが描かれており，クライニアンの臨床感覚にも一致するものなのである。その限りにおいて，生物学的な身体を基盤に据えた欲動理論に準拠している昇華は，臨床的な概念としての意

---

[7] クラインは，良い対象の起源が母親との授乳体験にあり，それは母乳を吸うリビドーの支配下で行われることと説明している（Klein, M. 1946, pp.5-6/9）。

義が薄れてしまう。

　それでは，ラカンの昇華はどのように位置づけられるだろうか。まず，クラインが原初的な対象関係の中で失う良いものを，フロイトの理論体系の中から導き出した〈物〉という概念で表したことに注目する必要がある[8]。さらに欲動の性質に，フロイトが快の獲得・不快の除去とした以上のものを認めている点も重要である。ラカンによれば，欲動とは失われた〈物〉を再び求めて運動するものである。倫理のセミネール（1959〜1960年）において〈物〉と名指されていたものは，その後「対象 a」の理論へと展開していくことは周知の通りだが，1964年のセミネールでラカンは，対象 a の代表として，乳房，糞便，まなざし，声の四つを挙げている（Lacan, J. 1973, p.219/327）。これらはいずれも母親との関わりの中で得ていた原初的な満足の残滓である[9]。

　ラカンの昇華理論は，こうした〈物〉や欲動を巡る発想を基盤に持っている。〈物〉をヴェールで覆う，というテーゼは，やや修辞的ではあるが，フロイトとクラインの昇華のエッセンスをそれぞれ両立させる形で成り立たせている。フロイトが提唱した欲動は，根本的には〈物〉を目指しているが，昇華のヴェールは，その欲動の邁進を逸らすことを可能にする。またその〈物〉とは，クラインの言うところの原初的に母親との間で体験していた（が，失われてしまった）良い対象の痕跡と言い換えることもできるかもしれない。

8）〈物〉という概念が生成されるまでのフロイト読解，およびそれとラカンの現実界との接続に関しては立木（2012a）に詳しい。立木は，ラカンの言う〈物〉の概念がフロイトの「心理学草案」（1950c）に見出せるとする言説を否定している。そして，「否定」の論文，およびハイデガーの「物」の概念に由来することを示唆している（pp.194-195）。

9）同様のことは，十川（2003）によっても言及されている（pp.58-59）。失われた母親の身体である〈物〉と乳児との関わりは，各々の身体部位と密接に関わっており，それぞれの部位で固有の充足を得る。すなわち，口唇は母親の乳房を吸い，肛門は母親の世話を受け，目は母親の優しいまなざしに向けられ，鼻は母親の匂いを嗅ぐ。しかしそれらの原初的な満足は世界に生きる人間へと成長するためにいずれも失うことを余儀なくされる。ところで，身体部位にそれぞれの原初的満足があるというこうした発想は，フロイトやアブラハムが体系化した欲動の基本的発想である。欲動は各身体部位と連動しているため，それぞれに固有の原初的満足があり，それぞれに固有の喪失体験がある（ドルトの昇華理論は，この点に力点が置かれている）。

以上より、次のような筆者の主張が導き出される。すなわち、償いの理論をフロイトと異なる地点に定める見解には異論ないが、クラインがもたらした償いとしての昇華のプロセスの中から、理論的に欲動の要素を骨抜きにしてしまい、内的対象関係のみに焦点を当てることは、昇華理論の根底にある原初的満足の中の身体的な要因を度外視することになりかねない。もし、現代クライン派の諸家がしたように、昇華から欲動の要素を切り離し、原初的な母子との対象関係のみでそれ（社会的な成功、文化人としての成長）を見てゆくならば、「昇華」という言葉は不要と言えるだろう。しかし、筆者は、根源的喪失とそれを取り巻く心的メカニズムを、欲動の概念で扱ってゆく精神分析理論に依って立ちたいと考えている。それは、昇華という概念には、クライン派の文脈でいう償いだけでは語りつくせない要素があることを見てのことであり、そこにこそこの用語の魅力があり、臨床的な応用性が認められると考えられるからである。

(2) 昇華理論の再定式化

では、ここまでのすべての議論を踏まえて、筆者が理論的に整合性がとれており、かつ臨床的応用性があると期待できる昇華理論の定式化を行ってみたい。フロイトによる昇華が（i）脱性化と（ii）社会化の二点にあるとすれば、筆者が主張する昇華理論は、（I）代替満足、（II）象徴化、（III）〈物〉の再建、という三つの要素に集約される。

(I) 代替満足

昇華の定義には、「性的な満足を諦め」という表現が用いられているが、この性的な満足とは何なのだろうか。とりわけ初期のフロイトは、これを性行為によって得られる満足としていたが、次第に、たとえこうした行為を経ても完全な満足には至らないことを指摘するようになる。例えば、中期の論考では次のように述べている。

　　性欲動の最終対象はもはやそのもともとの対象ではなく、単にその代替物に

過ぎない。そして，精神分析が私たちに教えたところによれば，欲動の動きのもともとの対象が抑圧のために失われると，それはしばしば果てしない系列の代替対象によって代用されるが，しかし，この代替対象ではいずれも完全には十分ではない。(Freud, S. 1912d, p.189/243)

また，同様のことを『快原理の彼岸』では，十全な満足とは一次的満足体験を反復することだが，どのようにしても欲動の持続する緊張の解放は不十分であると説明している（Freud, S. 1920g, p.42/96-97）。これらのフロイトの示唆からは，先の〈物〉の喪失を巡る欲動の動きと同じメカニズムを想定することができる。「欲動の動きのもともとの対象」や「一次的満足体験」とは，ラカンの言う〈物〉としての母親と同等であり，そこで得ていた原初的な満足を喪失してしまったために，以後別の異なる対象によって満足を求めるようになる。そうした満足は常に，原初的に享受していたものではなく，不完全なものである。つまり，私たち人間が得られるのは，性行為による満足も含め，もはや不可能になってしまった原初的満足の代替物に過ぎないのである。

ラプランシュはこれに関連して，フロイトが，思春期における性対象の探求の文脈で提示した「対象発見とは本来，再発見である」(Freud, S. 1905d, p.222/284) というテーゼに次のような解釈を与えている。

> 再発見すべき対象とは失われた対象ではなく，置き換えられたその代理物である。失われた対象とは自己保存の対象，餓えを満たす対象である。そしてセクシュアリティにおいて再発見しようとするものは最初の対象との関係で置き換えられた対象である。(Laplanche, J. 1970, p.35)

このように考えるならば，欲動とは（性欲動であれ，生の欲動であれ），常にかつてあった失われた満足を求めるものである。ゆえに，その性質が性的か非性的かはさしあたり問題ではない（そもそもある行為や対象が性的か否かを決める基準は判然としない。それに，たとえ基準があったとしても，いずれも原初的な満足の代用にしかならない）。フロイト後期モデルにおけ

る昇華の脱性化（対象リビドーの撤退により性的な性質を失うこと）についても，同じことが言える。

それゆえ，先に（i）脱性化とした要素は「**代替満足**」と表現した方が適切であろう。

(II) 象徴化

代替満足を求める欲動が，社会的に価値あるものへ変換される側面を，先に（ii）社会化とした。この点に関してフロイトは，昇華を天才や過去の偉人に焦点を当てて考えていたが，後世の分析家たちは基本的にそれを踏襲しなかったし，筆者も同様に，そのような限定的な語法に与しない。というのも，精神分析臨床が目指すのは，天才を育成することでもなければ，歴史に名を刻む偉人を生み出すことでもないからである。自らの心について語り，考え，知っていく営みを実践する精神分析臨床は地道で，実直なものであり，その結果患者に起きることも得てして平凡で，月並みなものである。

さて，この社会化を可能にするのは，自我理想などの外界から取り入れられることによって生成された内的審級の存在である。内的審級は，個人的な快・不快の感覚を超えた「第三者にも承認されるもの」の判断基準を個人にもたらす。そして，そのプロセスが進行すれば，対象への接し方は自ずと具体的な水準からより象徴的な水準へと移行するようになる。

以上を踏まえて，筆者は昇華におけるこの要素を「**象徴化**」と名づけたい。象徴化とは，実に多義的な含みをもつ言葉であるが，この場合はある特定の理論的背景に基づいているわけではなく，むしろ昇華理論について語られる諸側面を束ねる共通因子のような役割を果たしている。「象徴」という言葉が孕んでいる理論的な背景を挙げるならば，次の三つを指摘することができる。一つ目は「具体」，「具象」の反対語として用いられる「象徴」である。具体的で具象的な体験や情緒，思考が，より抽象度の高い，取扱い可能なものに変形された場合，それは象徴化された，と言う。これはクライン派，特にビオンがコンテイナー／コンテインド理論やグリッドで深めた象徴の側面と言えるだろう。二つ目は，ラカンなどが言う，言語によって支えられた秩

序としての「象徴」である。この意味で象徴的と言った場合，対義語として浮かび上がるのは，「想像的」ということになる。三つ目は，社会共同体で共有する，他者間で交換可能なものとしての「象徴」である。この意味で使う象徴化は，フロイトの言う社会化に近いものがあり，それを強調した場合，昇華は適応や防衛としての意味合いが強くなる。

　実際に，初期のクラインは，昇華の象徴化に関わる側面について強調して，そこに人間の社会活動の多くを含ませた（言葉を使用することはその最たる例であり，文字通り象徴による表現である）。また，自らが破壊してしまった良い対象を取り繕う作業である償いは，必ず象徴化が伴う。というのも，既に失ってしまったものをそのままの姿で復元することは不可能であり，象徴的な機能が働いていなければ，不在の対象を扱うことができないからである。昇華に関する長編論文の結論として「昇華は対象が失われた際に欲動が到達する一つの可能性である。新しく創造された対象は，不在を象徴化する」と述べているセショも同様のことを考えているようである（Séchaud, É. 2005, p.1375）。

　また，ドルトの昇華理論は，象徴産出的去勢という言葉が示す通り，象徴化をもたらすものである。そこでは，欲動の直接的な満足は行われなくなり，養育者など，大人たちの道理に従った満足のあり方が導入される。

(III) 〈物〉の再建

　クラインやラカンが展開した昇華理論においては，(I) で措定した代替満足，すなわち〈物〉の代わりとなる満足を求めること以上のことが生じている。ラカンは，昇華のメカニズムを説明する時，〈物〉の位置づけが変えられることを定式化し，それを〈物〉がヴェールで覆われること，と表現している。ラカンの読解を試みた向井（1988）は，昇華を「〈物〉の場に編み上げられるヴェール」としており（p.155），筆者もかつて，昇華の第三の要素として「〈物〉の隠蔽」を挙げた（堀川 2013, p.383）。

　しかし，クラインの償いとしての昇華には，単純に失われた対象を隠したり，塞いだりするだけでなく，それを悼み，哀悼し，修復し，再建する側面

が含まれている。原初的対象を喪失した際の乳幼児の主観的体験には，"破壊してしまった""奪われた""失くした"など様々なものがあるだろうが，それを取り戻す作業の中では，自ずとそれを失った時の体験に思いを馳せることになるだろう。つまり，結果として〈物〉を隠蔽し，覆うだけでなく，〈物〉そのものに関わり，知ってゆく側面がある。

そのような意味で筆者は，昇華におけるこの要素を「〈物〉の再建」としたい。再建とは，言うまでもなく，失われたものをそのままの姿で復元することや，コピーを作成することではない。自我理想の介入や他者の介入も踏まえて，その人独自の再構築，リニューアルがなされるものである。

ここで生じていることを時間軸に沿って考えてみよう。まず，原初的な満足があるものの，それは喪失を余儀なくされる（これを「一次的喪失」と本書では名づける）。そこで乳幼児は，その喪失に対応する，あるいは養育者によって抱えられる必要がある。クラインによれば，その時の体験のあり方が，その後の体験様式，とりわけ人生において見舞われる種々の喪失に対する体験様式に影響を及ぼす。私たちは人生において，愛する人，大切な物，社会的役割，理想，自身の健康など，あまりに多くのものを失い，その都度喪失や不在と向き合い，それを扱う必要に迫られる。人生における種々の喪失を「二次的喪失」と呼ぶならば，こうした二次的喪失への対応，その体験のあり方は，一次的喪失の際の対応と大きく関わっており，一次的喪失に対するワークスルーが不十分であると，二次的喪失への対応も良好には進展しなくなってしまう。

5. 喪の作業としての昇華

(1) 喪の作業

筆者はここで，この昇華の過程はまさしく喪の作業（work of mourning, mourning work），それもその最終段階に強調点が置かれているものとする理解を示したい。

喪の作業とは，人生における種々の喪失，それに伴う悲しみや罪悪感の痛

表2　松木（2007）による喪の作業の四段階（p.18 より改変）

1.	**喪失の感知**	無力感，茫然自失
2.	**対象喪失という事実の否認と受け入れの大きな揺れ**	悲哀，対象からの被害的な拒絶感，怒り，不機嫌，躁的防衛，悔やみ，罪悪感，恨み
3.	**対象喪失の受け入れと諦念**	喪失感（絶望，失意，無力，孤独，思慕），悲哀，悔い，罪悪感
4.	**失った対象への哀悼，新たな感情の芽生え，新しい外的対象の受け入れ**	悲哀，寂しさ，償い，修復，感謝，思いやり

みに避けずに持ちこたえ，喪失を受け入れていく健康な心の働きである。この定義は，クライン派対象関係論の視座に立つ松木（2007）によるものだが，彼はさらに喪の作業のプロセスを上記の四段階に識別している（表2）。

　昇華は，（III）として記した通り，失われたものを再建する心の働きである。その際，目の前の喪失だけでなく，かつて失った原初的満足としての〈物〉も関わっており，〈物〉の代わりとなる満足を求め（I），かつ象徴化を行って対処する（II）。この象徴の要素には，外的な価値観，その人が住むコミュニティの掟や法が導入されている。また，シーガルが「象徴は喪失を否認することなく，それを乗り越えることに利用される」（Segal, H. 1957, p.395/23）と言うように，喪の作業の重要な因子となる。

　つまり，昇華とは，喪失を避けられない人間が心的現実を知り，外的現実の中で生き抜いていくために必要な心的プロセス，喪の作業である。昇華には，自我理想や他者の手による去勢が関わっているという点からも，外的な価値観や外的対象の存在が色濃く反映されている。昇華が喪の作業の最終段階に位置づけられると先に筆者が述べたのはそのような理由である。筆者は，このような意味での昇華こそ，臨床的に意義のある用語であると主張したい。これはフロイトの着想に基づきつつ，クラインの償いの要素が加味され，かつ対象関係論に回収しきれない要素を理論的に内包した昇華の定義である。

　ところで，昇華と喪の作業を関連づけて論じている研究は，既にいくらか見出せる。例えば，セショは，昇華が喪の作業と繋がっているのは，所与の

事実として議論を進めており[10]，結論として昇華を，不在の対象との関係を一旦取り壊し，第三の関係を取り入れて，新しい対象を作り上げていく心的プロセスとしている（Séchaud, É. 2005, p.1376）[11]。コブランスも同様の立場より，「昇華は失われた対象を第三の対象の中に見出す」との命題を示している（Coblence, F. 2005, p.1382）。ヴァルドレが試みたこの箇所のパラフレーズによれば，ここでいう第三の対象とは，新しい対象でありつつも過去と関わりをもつものである（Valdrè, R. 2014, p.62）。筆者の定義と結びつけるならば，まさしく再建された対象ということができるだろう。

(2) ルース・クヤールの昇華

それではこれまで整理した昇華理論を用いて，先に挙げた閨秀画家の症例を改めて検討してみよう。この女性は重い抑うつ症状を呈していたが，これは言い換えれば，対象喪失に対する喪の作業，昇華が十分に果たされていなかったことを意味する。松木（2007, 2011）が端的に定義するように，抑うつとは「喪の作業の逸脱」である。喪失の経験に見舞われた際，そこから発生する悲哀や罪悪感などを嚙みしめ，対象を悼み償う喪の作業を行うことができれば，それは健康な心のプロセスと呼ぶことができる。しかし，何らかの理由によってその作業が果たされない場合，抑うつという病的な状態に陥るのである。裏を返せば，対象喪失に伴う抑うつ状態から脱却するには，適切な喪の作業が必要であり，昇華のプロセスを踏まえねばならない。

ルース・クヤールの抑うつが決定的なものになったのは，義兄が一枚の絵

---

10) 彼女は，過去の分析家や芸術家たちが，自らの喪の作業の一環として，創造物を大成させていることを挙げている（Séchaud, É. 2005, pp.1310-1311）。例えば，フロイトは 1896 年に父を亡くした後，主著『夢判断』を完成させており，クラインは息子のハンスを 1934 年に事故で亡くした三カ月後に「躁うつ状態の心因論に関する寄与」を執筆している。その他にもシェークスピア，ユゴー，ネルヴァル，プルーストなどの場合が挙げられている。

11) セショは償いと喪の作業（昇華）を区別している。喪の作業とは，失われた対象関係の分解をまず目指し，第三の関係も取り入れ，新しい対象を作り上げていくことである。それに対して，償いは，空想の中で破壊された対象を再建することにすぎず，関係を解体することなくそこに留まるため，喪の作業を妨害する可能性もある。彼女は，前者が分析プロセスと呼ぶに相応しいが，後者はセラピー的なプロセスであるとしている。

を持ち去り，壁に空白ができてからである。クラインの理解，およびラカンの指摘に基づけば，絵が無くなることによって生じたこの壁の空白こそが，彼女のうちに刻み込まれた根源的喪失，つまり〈物〉の喪失を喚起させた。言い換えれば，それまではいつも壁に掲げられていた絵が，ある日突然無くなってしまうという二次的喪失に見舞われたことによって，彼女は一次的喪失を再体験した。そして彼女は，この喪失体験に首尾よく対応できなかったため，抑うつ状態に陥ることとなった。

　しかしながら，彼女には奇しくも卓越した芸術的才能が秘められていたことによって，その空白を物質的にも心理的にも埋め合わせることができた。空白や喪失をそれそのものとして扱うのは，無を扱うことと同様で不可能である。しかし，この空白の上に絵画作品を置くことによって，その作品を通して背後にある無を捉え，喪失を扱うことに成功した。このような彼女の創作活動は，前節でまとめた内容を踏まえると，まさしく昇華の過程ということができる。

　彼女の欲動の矛先は根源的満足を与えてくれた，既に無くなってしまった〈物〉ではなく，作品創作へと方向転換している。すなわち代替満足を求める欲動の過程となっている（I）。

　そして，彼女がその代替満足によって作り上げたのは，絵画という，一般的に認められ，第三者に受け入れられうる形態のものであり，その意味で象徴化がなされている（II）。

　最後に，彼女の創作行為は原初的な〈物〉の再建に取り組むものである（III）。最初に描かれた黒人の裸婦像を始め，その作品の多くが家族の肖像画だったということは，彼女にとっての〈物〉とは母親をはじめ，家族に関係するものが多かったのかもしれない。

　抑うつ状態から創作活動を経て回復に至ったこの展開は，治癒過程としては出来すぎた作り話という印象を禁じえない。しかし，これを喪の作業の一貫として考え，彼女のうちに潜む〈物〉の喪失とそれを巡る心のあり方を理解する上では，格好の例証と言えるだろう。

　ところで，昇華が意味するものが何かしらの「制作物」や「成果としての

物」であるとする言説が存在するが，筆者の言う昇華はあくまで，心のプロセスを指した言葉であることを強調しておこう。昇華とは，完成された人間のある状態や人間が制作した物を指すのではなく，心的プロセスそのものである。

(3) 臨床的応用性に向けて

　以上より筆者は，昇華の基本要素として，(I) 代替満足，(II) 象徴化，(III) 〈物〉の再建，という三つを提起したい。もともとフロイトが欲動の一運命として使ったこの用語は，ここにおいて〈物〉を巡り展開される心的プロセスを表すものとなった。そしてこの心的プロセスは，根源的喪失に対して働きかけ，最終的に社会性を帯びるものへと変容してゆく。これは喪の作業の最終段階と呼ぶにふさわしいものである。

　ところで，第三章にて不確定のままにしておいた償いとしての昇華における価値論について，今の私たちにはいくらかの回答を示すことができるだろう。償いとしての昇華は，本章で筆者が提起した昇華と同様，人生において繰り返し遭遇する喪失体験に対応する喪の作業の最終段階で達成される。喪の作業を通じて人は，喪失を認め，失ったものを諦めるようになり，そして新しい外的対象を受け入れることができるようになる。外的な価値が導入されるのは，まさにこのような時である。それゆえ，この場合の昇華における価値論は，喪の作業によって導入される，とでも言えるだろう。

　第三部では，喪の作業としての昇華という視点を持つことが，臨床実践にどのように有益に機能するかを示してゆく[12]。

---

12) 本書では，深く追及することはできないが，喪失には様々な水準のものがあるゆえ，理論上は，それらは治療場面では転移として表出するはずである。そしてそれらは様々な身体器官と連動して発達したものであるため，欲動と大いに関連がある。当然，欲動が優位になる身体部位は複数あるため，臨床的には，メルツァーが言うような「地理的な混乱」や「領域の混乱」が生じている場合もあるだろう。そうした複雑に絡み合った欲動のあり様を見てゆくことが臨床実践では肝要と思われる。

第三部
昇華理論の臨床的応用性

第五章　象徴産出的去勢の臨床実践

　私たち臨床家がある事例の理解を深めようとする時，概して二つの視点から双眼的にそのケースを見つめている。一つは，ある特定のセッションを詳細に見る「ミクロな視点」である。面接室で語られること，観察されること，治療者の心に浮かぶものを総体的に考慮して，その場で何が起きているのか，どのような関わりが生じているのかを考えるのである。実際に患者を目の前にしている瞬間は，（記憶なく，欲望なく，理解なく向き合えるのであればなおさら）この視点にしか頼れないはずである。スーパーヴィジョンや事例検討会で特定の（大抵は最新の）セッションの詳細を提示する意義もそこにあるだろう。今一つはある程度の治療経過（あるいは，その人物の個人史）を俯瞰的に見通す「マクロな視点」である。長期にわたるケースはもちろん，回数を重ねたケース全体を一セッションごとに細かく見続けていくことは，基本的に不可能である。その場合，事例の概要や大きな変化を中心にまとめ，その患者のあり方や治療関係の展開を見てゆくことになる。治療経過を振り返る際，同業者に実践内容を伝達する際，あるいは治療効果を検討する際，マクロな視点は欠かせないだろう。

　第三部ではここまで行った文献レビュー（第一部）と理論的検討（第二部）を踏まえ，昇華理論が臨床実践，とりわけ精神分析的心理療法でどのように援用されるかを具体的に見てゆきたい。筆者は昇華理論が上記の二つの臨床的視点にそれぞれ寄与するものがあると考えている。

　本章では専ら，ドルトの象徴産出的去勢に焦点を当て，ケースをミクロな視点で捉える際の昇華理論の寄与について論じてみよう[1]。

1. ドルトによる象徴産出的去勢の実際

（1） 象徴産出的去勢の三つの要件

　象徴産出的去勢によって昇華がもたらされると考えているドルトの理論の特徴は，養育者という他者が昇華の展開に関わることを強調している点である。クラインが提示している償いの理論体系においても，他者の存在は欠かせないが，償いのプロセスが始動するのは，第三章でも見た通り，自らがある対象の喪失を認識した時である。喪失の認識に始まり，それがどのようにして精神分析臨床にて展開してゆくのか，治療者によって扱われていくのかは多くの事例研究が示す通りである。

　それに対して象徴産出的去勢は，養育者が育児場面で子どもに対して行う関わりとして提示されている。例えば，大声を上げて飴を欲しがっている子どもに対して母親は，飴をあげる代わりに次のように伝えるべきだとドルトは言う。「飴について聞かせて。ミントといちごならどっちが好き？　硬いのと軟らかいのではどっち？　紙にくるんであるのはどうかな？」(Dolto, F. 1982, p.48) このように飴そのものを食べさせて短絡的な口唇期的満足を与えるのではなく，飴の種類を話題にすることで欲望を語る口へとその満足の水準を高めるのが目的である。養育者のこのような関わりの中に含まれている要素を考えるならば，次の三つが立ち現れてくるだろう。

---

1) ドルトの象徴的産出去勢に焦点を当てることは，昇華の臨床的応用性を目論んだ本書にとって，次の二つの点において意義深い。第一に，この理論が欲動論を基盤に据えていることである。第四章でも見たように，昇華理論を対象関係論に回収しきれないのは，欲動を重要な切り口としている点である（とりわけフロイト前期モデルに根差した理論と言うことができる）。第二に，この理論が欲動を基盤に据えながらも，二者心理学モデルを提示していることである。今日の精神分析においては，多くの学派で欲動理論に重きが置かれない傾向にあるが，その一因としてしばしば挙げられるのは，それが「一者心理学」だということである。こうした言説は，それにとって代わるものとして，「今，ここで」に焦点を当てた対象関係論や対人関係論の臨床モデルを提示している。たしかに，フロイトのリビドー発達論に根差した病理理解などは，面接室にいる治療者の存在や，逆転移を吟味する視点に乏しいだろう。しかし，本書でここまで論じてきた欲動の考えは，そもそもの出発点として母親との原初的満足状態を想定しており，一者心理学的と言い切ることは決してできないのである。

(a) 一次的な欲動の満足を欲していることに対して理解を示す
(b) 一次的な欲動の満足を禁止する
(c) それとは異なる別の満足の手段を提示する

　この三つの要件が十全に実行され，以後，子どもが（c）で示された方法による満足が得られるようになれば，それはドルトが言う意味での昇華が達成されることになる。先の例で考えるならば，まず（a）子どもが飴を欲しがっていることを分かっていることを示しつつ，（b）飴を与えないで，（c）飴についての願望や空想について言葉の水準で表現させる，ということになる。逆に言えば，この場面において，子どもの願いや望みについての理解を伝えないこと，飴を実際に与えること，その他の願望表現の余地を残さないことは，いずれも象徴産出的去勢の不成立に繋がる[2]。

(2) 治療場面における象徴産出的去勢
　ドルトは，実際に子育てをしている養育者が行うものだけでなく，専門家として治療場面で行う去勢についても語っている。彼女は臨床において，来談した子どもたちの症状や問題が，ある段階における去勢の失敗に由来していると見立て，その部分に関わる。去勢の失敗とは，去勢が遂行されていない場合や，遂行されはしたものの，それが不十分なため象徴産出的となっていない場合に生じる（去勢が不十分であると，その子どもの欲動は，倒錯や神経症に用いられることになる）。次の一節は，精神分析家が果たすべき仕事についてドルトが述べたものである。

　　私たちの役割は，表現される欲望を正当なものと認め，周りの人との間でその日その日に表現できなかった欲望について子どもが反復していることを

---

[2] また，ドルトの言及を要約している竹内（2004）は，去勢が象徴産出的になる条件として次の六つを挙げている（pp.158-161）。(1) 子どもが成長する欲望を持っていること。(2) 去勢する大人も十分な去勢をうけた模範的な人物であること。(3) 去勢を与えるタイミングが適切であること。(4) 言葉によって説明がなされていること。(5) 去勢に伴う痛みへの共感をもつこと。(6) 子どもの成長を祝福すること。

探し出すことにあります。私たちはまた，欲望に結びついている感情を見出さなければなりません。そうした欲望は，しつけ（教育）をした人の野心が押しつけた超自我によって抑圧されています。感情が表現されなかった欲望に関わる欲動は，直接にせよ，遠回しにせよ，子どもの身体機能や理想機能に障害を与え，不安を喚起します。これがまさに，『制止，症状，不安』にあるフロイトの図式です。子どもにおける制止は，その生命機能や成長を止めてしまうほどになりえます。私たちの役割は，こうしたことの間にある循環を回復させることにあります。(Dolto, F. 1982, pp.29-30)

ドルトは治療の例として，道端で突然体を二つに折り曲げ，両脚の間から背後を覗くという奇妙な症状を呈していた6歳の女の子を挙げている（p.58）。ある時ドルトは，その子がそのような格好をするのは，自分にペニスがあるかどうかを見るためだと気づいた。そこでドルトは，「私が完璧でないのは，私に男の子のおちんちんがないからだわ。男の子は完璧だもん」という解釈を与えた。これによってこの少女は一次去勢から抜け出したようである（!?）。ドルトは一次去勢についての補足として，女児には，「女性なんだから最初からそうなの，それでいいのよ」と説明し，男児には，「最初からそうなのよ」に加えて，「今後も決して切り取られることはないのよ，お父さんは君がその性器をもつことを望んでいるんだから。なにしろ，君に命を与えたのはお父さんなんだし，今度は君がいつか命を与える番になって欲しいと望んでいるんだからね」とはっきり説明すると述べている。

その他にも，湯舟の中で大便をする知的障害児の事例が報告されている（p.59）。ドルトはそれがかつて母親の胎内で取っていた方法であり，今となっては近親姦的な意図を持つことになる旨を話すべきだ，と考えている。例えば，「お母さんのお腹にいたとき，あなたはウンチはしていなかったし，食べることもしていなかったの。飲んでオシッコをするだけだったのよ。だから湯舟の中にウンチをするっていうのはどういう意味になるかしら。お母さんを殺したいってことかな。自分自身を殺したいってことかな。死んじゃいたいってことかな」という言葉をかけるようである。ある子どもがそれに対して肯定した時，その後ドルトは，「死ぬのは決まっているわ。でも水の

中にウンチをするのとは違う方法でね。死ぬことについて話し合いましょう」と言い，子どもを描画に誘ったようである。その子はすぐに真っ黒な絵を描き始めたという。

(3) 小考察

こうした治療者の関わり方は，欲動理論を臨床理解の基盤に据えているものの，十分に「二者心理学的」である。子どもの欲動のあり方を理解する治療者が，その後の適切な発達のために介入しているからである[3]。象徴産出的去勢は一人で果たされることはありえない。子どもが一人では人間らしく成長しない事実を考えれば当然のことである。

さらに，ドルトが象徴産出的去勢によってもたらされるとしている昇華は，本書における昇華と照らし合わせた場合，第四章で提示した三つの要素のうち，（I）代替満足と（II）象徴化の要素に対応する。一次的な満足を禁止し，迂回路を通るように強いる関わりは，代替満足を促す他者の関与と言って差し支えないし（I），その結果，象徴が産出されるという側面は，文字通り象徴化である（II）。一方，（III）〈物〉の再建については，ここでは焦点が当てられてはいないようである[4]。〈物〉の再建とは，喪の作業がそうであるように，比較的長期のプロセスを通して実現されるものである。象徴産出的去勢で描写されているような，養育者と子ども，あるいは治療者と患者との瞬間的なやり取りの中では十分に見出されないと考えるべきだろう。

次に，ドルトの技法について注目してみたいが，彼女の症例を読む限り，治療者のアプローチが幾分直接的で，養育やしつけの性質を帯びている印象を禁じえない（彼女自身は分析家が養育者の役割を奪ってはならない，とし

---

[3] おそらくドルト自身からは（そしてラカンからも）この見解についての賛同は得られないだろう。まず「精神分析は心理学ではない」，そして「母子の二者関係は存在せず，そこには常に象徴的なものとしての第三項が関わっている」といった具合に。
[4] ドルトの理論体系は全般的に，〈物〉の発想に乏しい。彼女の臨床技法や理論体系は，初期ラカンの影響が強いせいか，概ね想像的なものを象徴的なものへ変換させることに焦点づけられている（〈物〉という概念は現実的なものの領野に位置づけられる）。

ばしば述べているが)。また，ドルトの事例報告全般に抱かされることではあるが，治療者による関わりや解釈によって，たちまち子どもの症状が消え去ってしまう場合が実に多く，達人芸か職人技を見せられているような気にさせられる。もちろん，理論的な解説は筋が通っており，信憑性を疑い，魔術的と批判するのは筋違いであろう。むしろ，そこからドルトの臨床感覚の鋭さを読み取ってゆくことが私たちには必要なのかもしれない。

しかしながら，こうした治療者の関わりが，私たちの実践する臨床（精神分析的心理療法）にどこまで適用が可能なのかについては，疑問が残る。少なくとも先に引用した臨床例における治療者の介入は，知性化の促進，あるいは保証の類であり，今日的な感覚では，およそ精神分析的なそれとはいくらか隔たっているのではないだろうか[5]。

本章では養育モデルとも見なせるドルトの象徴産出的去勢が，心理療法の中でどのように実践されうるかを考察する。結論を先に言うと，本章では，ドルトの象徴産出的去勢の実践法を示すことや，改良した技法を提示することはされない。そうではなく，一般的に精神分析的心理療法の実践で推奨されている技法の中に，ドルトが重視する象徴産出的去勢の側面があることを示そうと試みている。

2. 臨床素材

(1) クワガタ少年①

ここで提示するのは，週一回の頻度で精神分析的心理療法を行っていた小学校高学年の男子との症例である[6]。クライエントのA男は，思春期に入るまでは特に問題がなく育ったように見える子どもであった。彼が筆者の勤務

---

[5] この背景には，ドルトの発達観が関連しているかもしれない。彼女は，昇華理論をみても分かるように，ある種の（線形的な）"正常な"発達過程を前提にしている。それゆえ，治療者の態度も"正常な"価値観によって，患者の正常性を取り戻す方向に向かうのである。

[6] 以下，筆者が実際に経験した心理療法のヴィネットが二つ提示されるが，それらはすべて，ドルトの象徴産出的去勢の理論を念頭において行ったわけではないことをあらかじめ断っておく。なお，症例中のクライエントの発言は「」で，治療者の発言は〈〉で表記している。

する相談機関を訪れた直接的なきっかけは，学校でのちょっとしたトラブルだったが，それ以上にＡ男は厳しい状況に置かれていた。自分自身大人の男性として成長が始まっている一方で，それを支える環境面においては，適切な父親モデルと言えそうな人物は現実的に不在な上，母親は，いわゆる養育者というよりむしろ，一人の女性として映るような存在であったためである。

私との心理療法の中の話題の多くは，彼が熱心に飼育しているクワガタムシについて占められていた。彼の関心は，専らオス・メスをどのように仲良く共存させ，どのように立派な子孫を作るか，仲間内でのバトルに勝ちうる最強のクワガタムシをどう作るかであった。それを私に，すなわちＡ男の知らないたくさんの良いものを所有していると想像された存在に熱く語った。それは，彼自身が困惑している男女の生殖に関わる問題や，万能感，競合心に関する問題を扱うためのようだった。ただ，Ａ男の本質的な問題は，このように関心ある事を意気揚々と語る時ではなく，むしろ，現実でふと行き詰まりに見舞われた場合や，何かが上手くいかない場合に，人が変わったように抑うつ的になる時にあるように思われた。必然的に治療者の関わりは，躁的に振る舞おうとする彼の裏にある焦燥感や不安に焦点を当てること，セッションの中で抑うつ的になった際に，少しでも自己理解を促進させることに集約されていった。

最初に提示するセッションは，心理療法が開始して間もない頃，陽性な治療関係にまだまだ満ち溢れていた時期のものである。

◆ヴィネット　図鑑

この日もＡ男は，日頃取り組んでいるサナギから成虫への飼育法をいきいきと解説し始めた。成長した時に大きく立派な状態にするには，非常にデリケートなサナギの時期の手入れが如何に大切なのかを力説した。そして，日頃のたゆまない努力でどんなすばらしい属性を備えたクワガタムシになるかを得意げに語った。

その後，Ａ男は私にクワガタムシの種類を分かりやすく説明するために，待合室にあった図鑑を持って来たいと言い，面接室の外に出ようとした。私

は彼自身の口から聞きたいと伝え，部屋を出ようとする彼を制止する言葉をかけた。

　Ａ男は着席し，再び話に戻ったが，まるで別人のように元気がなくなり，語りも沈黙がちとなった。連想も，友人のカブトムシがカラスに喰われた話などが出てきた。そして20分ほどの沈黙となった。

　私は折をみて，いろいろな介入を試みた。〈今日のＡ男君は最初の方，立派で固い殻で守られたクワガタみたいにいきいきしていたけど，今のＡ男君はとても元気がなくて，まるでサナギのようにデリケートだね〉あるいは〈さっき図鑑を使って僕にクワガタのことを説明したかったけど，取りに行くのを止められて少し落ち込んでるように見えるなぁ〉などである。

　その介入に対する直接的な反応は特になかったが，その後Ａ男は先日の仲間内でやった昆虫バトル大会の模様を報告した。それまでにもよくあった話題だが，その話しぶりは万能的で躁的な様子はほとんど感じられなかった。いつもであれば，「ボロ勝ちした」，「無敵だ」，「世界記録を更新しそうだ」といった言い草だったが，この時は勝ったことも負けたことも現実味のある描写で，強くするためには，地道に筋トレをさせないといけないと，妙に地に足のついたことを口にした。

　最後に，この相談室の近くに良い昆虫ショップはないか，と私に尋ねてきた。彼が隣町から来談していることを踏まえて，私はいつもするような陽性の転移解釈をしたが，ここに至って二人の関係は，セッションの前半から180度変わっていることが窺われた。

◆考　察

　このケースヴィネットでは，私がＡ男の退室を制止したことが大きな転換点となっている。治療者とクライエントとの関係は序盤「Ａ男が治療者に物を教える」という構図だったが，制止を境にその姿は消え，最終的には「Ａ男が治療者に良い物のありかを尋ねる」というものに変わっている。

　さて，治療者のこの対応[7]の中に，ドルトの言う「去勢」の機能を見出すことはできないだろうか。Ａ男は自由を制限されたことにより，幾分尻込みした様子になった。ただ，単純に禁止されたことで落ち込んだ，というよりもむしろ，本来の現状に引き戻され，現実に直面せざるをえなくなったと

言えそうである。A男にとっての現実とは，自分が万能で無敵ではないこと，母親の性生活をはじめ，自分の思い通りにならない，自分の知らないことがこの世の中にはたくさんあることである。

　実際にA男は，この日の最初からサナギ時代のクワガタムシは，デリケートで壊れやすい，ということに言及している。これはまさしくA男そのものであり，この危機感が毎週，私たちの元に来談する無意識的な動機となっているようだった。しかし，A男の語りは専ら，将来なるであろう逞しさや強大さに力点が置かれていた。実際にはA男自身が固い殻をまとい，逞しく生きようと必死に振る舞っている部分と，サナギのように混沌としていて柔らかく脆い部分があるのにもかかわらず，前者ばかりが強調され，あたかも後者の部分は存在しないかのように振る舞っていた。この現状は，治療者との関係においても，自分こそが何でも知っていて，無知な治療者にそれを教えてやるという関係で表されていた。治療者の制止の言葉は，このあり方に一つの区切りを入れ，「実際には，困っている自分もいて，だからこそ専門家のもとに毎週来ている」という風に捉えられたのではないだろうか。構造や枠を維持しようとした治療者の態度によって，A男が自分自身の現在置かれている困難や，心理的な課題に向き合い，それを考えていくことに繋がったのだろう。

　ドルトの象徴産出的去勢を「おっぱいをやめて離乳食にする」，「おむつが取れてトイレで排泄するようになる」という具体的な育児場面で考えると，基本的に自由に振る舞うことが許容される心理療法場面とは一見縁遠いように見える。しかし，時に心理療法の場で生じる，ルール破りや明白なアクティング・アウト／インに対して制約を課すことなどは，一種の去勢のような

---

7) 精神分析的な子どもの心理療法は，何よりその子どもの無意識を探求することが目的として掲げられている。そのため治療者の役割も，具体的な物の提示をクライエントに求めるよりも，むしろ言葉や描画などの象徴的な表現を促すことに焦点が当てられる（それゆえ，たくさんの玩具を用いて一緒に遊び，気持ちを発散させ，楽しい体験を提供することはしない）。この考えは，クラインが提示したものであり（Klein, M. 1955），今日の子どもの精神分析心理療法において，概ね共有された技法論となっている。治療者が行った制止もこのような理念に基づいている。

役割がないだろうか。というのも，患者が自由に行動水準で発散することに対して，理解を示しつつも，禁止し，それを象徴的に扱うことを促すからである。このヴィネットでも多かれ少なかれそのようなことが生じていたと思われる[8]。

先に象徴産出的去勢の要件として（a）一次的な欲動の満足に対して理解を示す，（b）一次的な欲動の満足を禁止する，（c）それとは異なる別の満足の手段を提示する，の三つを挙げたが，これは本症例では次のように対応する。すなわち，部屋を出ようとするＡ男に部屋に留まるよう伝えたことは（b）に，その代わりにＡ男の言葉で聞きたいと伝えて自由連想を促したのは（c）に，その後，〈今のＡ男君は元気がなくて，まるでサナギのようだ〉〈さっき図鑑を使って僕にクワガタのことを説明したかったけど，制止されて落ち込んでるようだ〉といった描写をしたことは（a）に。これら（a）（b）（c）は，それぞれ次の（A）（B）（C）のように一般化できるだろう。

（A）患者の願望や気持ちを描写，あるいは解釈することで，それを理解している旨を示す
（B）精神分析的心理療法を成り立たせる内的・外的構造を維持する
（C）更なる自由連想・自己表現が可能になる場を設える（そしてそれらを促す）

上記の治療者の行為は，技法論として，何か特別なことを提示しているわけではなく，精神分析的心理療法のある一面，それも基盤となるような前提的側面を指摘しているにすぎない。平井（2011）は，精神分析的心理療法におけるセラピストの行為について考察する論考の中で，セラピストが精神分析的状況を構成する能動的側面に焦点を当てているが（pp.115-129），象徴産出的去勢を促しうる上記の三つの行為もその系列に属すると考えられる。

---

[8] あえて識別するならば，これは肛門期去勢に最も近いだろう。好きな時に好きな場所で，おむつの中に排泄して良かった時代が終わるトイレット・トレーニングと同じように，勝手気ままに好きな場所で好きなように振る舞うことが他者から禁じられるからである。

(2) クワガタ少年②

　次に同じくＡ男との別のヴィネットを提示してみよう。これは「ヴィネット図鑑」と異なり，象徴産出的去勢が不十分であったと思われるものである。なお，このセッションは，先に示したものから数カ月経った後の，4週間の夏期休暇明けのものである。

◆ヴィネット　B29

　この日Ａ男は，先週買ってもらったというポータブルゲーム機器を面接室に持ってきた。そして，大音量でゲームを始めた。彼が自分のやっていることを治療者に報告するのはいつものことではあるが，ただ，この日は私に何かを伝えたい，何かを分かってもらいたい，という意図が全く感じられなかった。私の頭は，心理療法からあまりに縁遠いこのゲームを直ちに中止させることに占拠されつつあった。しかしながら，私はたちまちある種の葛藤状態に置かれることとなった。というのも，これまでの面接において，私はＡ男が面接に持ち込む物すべてに対して，それを無条件に禁止することはしてこなかったからである。Ａ男は，クワガタの飼育道具や，ビンに入ったサナギやクワガタ，エサなどを持参したが，それらはあくまで自由連想の一部のようだったし，実際にいつも心理療法の素材として扱われた。このような背景があるにもかかわらず，このセッションに限って持ち込み物を無下に禁止しようとしている自らの行為が，どこか横暴で暴力的に感じられた。おそらく夏期休暇において面接から放り出されたと感じたであろうＡ男の感覚そのものと，今自分が感じている無力感や憤り，置いてけぼりにされている感覚，さらにはゲームを禁止したい衝動とは無関係ではないだろうと思った。そこで，ひとまずはＡ男の言動や自らの逆転移感情を吟味することをにした。

　Ａ男のゲームへの熱中ぶりは一向に収まらず，独り言のようにゲームの実況中継を続けた。どうやら「脱出ゲーム」というものに取り組んでいるようだった。それは閉じ込められた状況から部屋の細々とした情報をもとに暗号を読み解き，時間以内にそこから脱出するというゲームらしかったが，画面が一切見えない私には，そこで何が起きているのか全く分からなかった。途中時計を気にするそぶりや「9月には休みはないのか？」との質問から，私は夏期休暇に関連づけた解釈を二，三してみたが，いずれも何かが伝わって

いる様子はまったくなく、おざなりな答えが返ってくるだけだった。他にも私は、Ａ男やこの面接において生じていることの描写を折をみて思いつく限り試みた。例えば、〈今僕はこの部屋で何もしていない人になっているね〉、〈ひょっとしたら反対に、夏休みの間、Ａ男君は面接がなくて置いてけぼりにされた気持ちだったのかもね〉、〈今、Ａ男君自身閉じ込められているような感覚なのかな？〉などであるが、やはりいずれもほとんど意味あるメッセージとして伝わっている様子はなかった。

面接開始から35分が経った頃、次のようなやり取りがなされた。

〈今日のＡ男君は、僕にＡ男君のことについて触れられたり考えられたりして欲しくないのかな？〉
「いや、そういうわけじゃない。」
〈じゃあ、家でもできるゲームを今日わざわざここに持ってきてしているのはどうしてなのかな？〉
「いや、脱出の仕方が分からなかったから。持ってきたら、分かるかなって思ったから。周りでこれ持ってる人はみんな脱出している。」
〈Ａ男君が分からないことを、僕と一緒に考えて解決したいと思ったんだね。〉
「はい。」
〈でも、一緒にやっているというよりも、一人で熱中しているね。〉
「いや…そういうわけでも…。暗号分かりますか？　4ケタの？」
〈いや、僕には画面も見えないから分からないなあ。〉（間）〈Ａ男君にとって、ここでの僕はＡ男君の分からないこともいろいろよく知っている人なんだね。〉
「はい。」（目を逸らしながら言う）
〈ここはＡ男君の気持ちとかを一緒に考えていく場所なんだと思うんだけど、Ａ男君が一人でゲームに熱中していると、それをするのはなかなか難しいね。〉
「あ、はい。」
と言い、Ａ男は私の顔を見た。この日初めて二人の目が合った。何か伝わったものがあったようで、Ａ男はゲームをセーブして鞄にしまった。気まずい沈黙の時間が流れた。

その後、Ａ男は英語のスペルが覚えられないが、どうしたら分かるように

なるのか教えて欲しいと尋ねてきたり，夏休み中風邪をひいて部活の練習に参加できなかった分，みんなにひけをとっていることを報告した。その後私は，A男がゲームを制止されたことに伴いしょんぼりしていること，夏休みでの遅れを取り戻したい気持ちでいることなどを伝えた。

　面接終了時間となり，私たちは部屋を出たが，そこでA男は，面接室の入口に張られている部屋番号の札に目をやった。各部屋には，「B08」や「B09」や「B10」などと書かれているのだが，A男は突然私に，「ここってB29って部屋はあるんですか？」と尋ねてきた。私はぎょっとして思わず聞き返した。A男は「戦争の時の飛行機のやつ」と言い，相談室内の部屋番号を見て回った。

◆考　察

　このセッションで，治療者は無力感や苛立ち，置いてけぼりにされる感覚を味わっていた。それを，夏期休暇におけるA男の感覚に由来するものと捉えるのは，いささか短絡的ではあるものの，投影同一化の性質を考慮するなら十分に考えられても良いことだろう。治療者が焦点を当てた介入は，こうした部分も考慮した上でなされたA男の心の状況描写であり解釈であった。これは先に定義した象徴産出的去勢の三つの分類のうち，（A）に相当する部分である。

　セッションの内容を大まかに眺めると，先のヴィネットと同様の構図を見ることができる。すなわち，A男が自由な行動をすることを制限（自粛）したことを機に，A男自身が最近困っていること，懸念していることなどを語りだすという流れである。ただ，今回の場合は，去勢という言葉のイメージに相応しいような禁止や制止ではなく，面接の目的を再度確認するという，面接構造の維持を図る言葉がきっかけとなっている。これは先の（B）に相当するものである。それまでの治療者の介入はおよそ（A）を試みたものと言えるが，実際にA男がゲームに没頭することを辞めたのは（B）の要素を治療者が発した時であった。また，それは同時にさらなる自由連想を促す（C）へと繋がったようである。というのも，A男は面接の後半で，それまでは詳細に語ることができなかったであろう最近の懸念事項を話しているか

らである。

　さて，このヴィネットで最も注意を引くのは，セッションが終わった後に出てきたB29のくだりである。A男が連想したB29とは，私がA男に浴びせた爆撃を描写しているのかもしれないし，無理解な治療者に対して，仕返しの意図を込めて浮かんだイメージだったかもしれない。いずれにせよ，面接室で勃発したであろう戦火は，面接外のどこか見えていない場所へと飛んでいった。

　思うに，このエピソードは，セッション中の（A）の側面が十全に果たされていなかったことを示しているように思われる。そもそも，面接前半の治療者の理解が，どこまで妥当であるか分からないし，妥当であったとして，その理解の伝え方がどれだけ適切であったか，どの程度までA男の心へ届いたのかは怪しいものである。A男は，一連の治療者の介入をどこか被害的に捉えたのかもしれないし，真剣になって一人でゲームに熱中していることを，治療者にただ叱責されたように感じたのかもしれない。

　このヴィネットは比較的微細な形ではあるが，その破壊的な側面が面接室の中で扱えきれなかったという点で，二つの課題，そして新しい視点をもたらす。それは，筆者が再定義した（A）の側面が不十分であったと捉え，より深い理解とそれが伝わる方法を考えることであり，また（B）の側面が遂行された時に，患者がどのような受け取り方をしたかを考えることである。後者は，去勢を受けた時の体験やそこから動いた空想がどのようなものであったかを追体験し，吟味しなおすという作業を意味している[9]。

　ドルトは，象徴産出的去勢が上手くいかない場合についていくつかの例を示しているが，それを心理療法場面に置き換えた場合，どの点が不十分であったかを考えることは，治療者に新しい理解をもたらすきっかけとなる。あえて本書の言葉を使うならば，「（ドルトが言う意味での）昇華がこのセッションで果たされなかったのは何故なのか？」という問いを治療者自身が持つ

---

[9] 大きな見方をするならば，**ヴィネット 図鑑**と同様，このセッションでも二人の間で一種のパワーゲームのようなものが展開しており，治療者の介入がその立場を逆転させるために機能しているに過ぎないのかもしれない。

ことに意味がある。具体的にそれは，治療者の関わりについて吟味し直すことであり，また患者がもたらす転移の質を考え，その中核的な問題を問うことである。

3. おわりに

　本章では，ややもすると養育モデルと捉えられる象徴産出的去勢を，精神分析的心理療法の技法論の文脈で焼き直すことを試みた。これは，ビオンがコンテイナー／コンテインド・モデルによって，母子の育児場面と精神分析空間を類比させたのと同様の試みと言えるかもしれない。ビオンの場合と違う点があるとすれば，それは象徴産出的去勢ではより能動的な治療者の側面が強調されていることである（ただし，二つ目のヴィネットからも明らかになったことだが，象徴産出的去勢の実践においても，やはり治療者の「受身的」で「中立的な」側面は前提になっている）。

　先に参照した平井（2011）の論考でも，セラピストの能動的行為の役割に重点が当てられていたが，その論調はむしろ，受容的に機能するべき治療者態度を維持するためには，能動的行為を行う必要がある，というものである。実際，平井は二つの臨床事例を通して，逆転移を吟味しつつ，あるいは逆転移に突き動かされながら，能動的行為をする意義について主張している。そこでは，セラピストがセラピスト機能を揺るがされかねないほどの大規模な投影同一化をクライエントから受けた場合に，どのようにしてセラピストが精神分析的心理療法の空間を取り戻し，セラピストとしての立ち直りを見せるかという点に強調点が据えられている。また，この論文でも参照されているキャナムは，重症の被虐待児との心理療法より，治療者の父親的側面と母親的側面のバランスを維持することこそが肝要であると主張している（Canham, H. 2004, p.153）。

　これらは本論で言うところの，（B）の側面と（A）の側面のバランスと置き換えて考えることができるだろう。この二つが同時に，それも十分になされると，患者にさらなる心の表現が与えられ，象徴化が促されることになる。

すなわち，(C) の側面が機能することによって，心理療法が次なる展開を見せることになる。これこそが，ドルトの言う意味での昇華が生み出される瞬間であり，本書で再定式化した昇華が，(部分的とは言え) 実現される時である。すなわち，内的構造・外的構造を維持する治療者の精神分析的態度によって (B)，患者は一種の欲求不満に陥り，代替満足 (I) の道を探るようになる。そして，それと同時に，患者が自らの願望に理解が示された場合 (A)，更なる自由連想や遊びが展開されるのである (II)。

　もちろん，実際の臨床においては，一回の去勢で次の段階へ進むほど単純な進展は見込めないだろう。むしろ一進一退を粘り強く続ける中で少しずつ患者は変化するものである。それはちょうど，子育てにおいて子どもが，前進や後退，あるいは停滞を繰り返しながら少しずつ成長してゆくのと同じである。

　象徴産出的去勢とは，(I) 代替満足と (II) 象徴化が実現することを促す技法である。本章では，この二つの要素を実行するためには，どのような点に注意・配慮するべきか，その指針をささやかながらも提示した。

第六章　男根期的再建と肛門期的再建，あるいは偽りの昇華

　前章では，象徴産出的去勢に焦点を絞り，二つのヴィネットにおける微細なやり取りに着眼したが，本章では，事例全体をマクロな視点で検討することを試みる。第五章が一回のセッションの中で生じる患者と治療者の関わりを昇華の視点から考察したものだとすれば，第六章でなされるのは，心理療法の経過を通じて見られる患者の変容を昇華の視点から検討することである。
　ここでは，筆者が経験した二人の中年期の女性との心理療法の症例を提示するが，そのプロセスの中で，一定の"効果"とも言われそうなものが認められた。しかし，それは本書で規定したような意味での昇華ではなく，彼女たちが生育史の中で醸成してきた適応的な防衛を改めて強化しているようだった。いわば，偽りの昇華とでも呼べるものだった。本章では，それらの構造をペニス羨望や倒錯といったキーワードを援用しながら検討し，喪の作業としての昇華とどう異なるかを示してゆきたい。

1. 男根期的再建による偽りの昇華

(1) 臨床素材　B夫人

　ここでBと呼ぶ30代の既婚女性は，幼稚園に通う娘の問題行動を主訴に筆者が勤務する相談機関を訪れた。娘の問題とは，ストレスがかかる状況になると幼稚園で友達に手をあげるというものである。それは凶暴な類のものでは決してなかったが，娘を将来一角の人間にしたいと願うBは，次第に母

親としての自分の至らなさに苛まれるようになった。

　幼い頃より，母親に厳しく育てられ，言いつけ通りに振る舞う大人しい子どもだったというBは，品行方正な性格でずっと育ってきた。ただ，親が，そして自身が強く期待するほどには，学校の成績が芳しくなく，長年の悩みとなっていた。それでも大学を卒業してからは，社会人として自身で満足できる職業生活を送っていた。しかし，結婚を考えていた恋人と別れた時，彼女は激しい焦燥感に駆られ，慌てるように別の男性と結婚した。その相手のことを十分には知らなかったが，社会的地位が非常に高い人物であることが決め手となったようである。しばらくして長女が生まれ，それ以後は子育てだけに明け暮れる日々となった。

　彼女は一人っ子の娘を手塩にかけて育て，立派な女性にすることに専心していた。娘は，身体面ではすこぶる健康児であったが，母親の気持ちの変動に敏感で，空咳や制止などBと同じような症状をしばしば呈した。Bは娘を名門幼稚園に入れ，有名小学校への受験に熱を注いだ。将来が保証される一流大学に入るために，なるべく早く娘をそのレールに乗せてやろうとBは考えていた。

　アセスメント面接から窺えたのは，Bが自身の劣等感をどこかで意識しており，それの対処や補強が上手くできないために切迫していることだった。また，面接でのやり取りでは，そのような自身の心について語ることに加え，私の介入に対する情緒的な反応も見られた。娘自身については，発達障害の心配を訴えはしたが，娘の生活の様子や心理検査の結果を考慮すると，その可能性はほとんど考えられなかった。さらに，それまでほとんどしなかった砂場遊びを毎日させてみると，目に見えてその様子が落ち着いた。

　以上を踏まえて私は，子どもの遊戯療法を実施するよりも，B本人の情緒や思考に焦点を当てた心理療法を提案することにした。Bは進んでそれを希望し，週1回の心理療法が開始されることとなった。

　Bは，休むことも遅れることもなく来談し，その権威主義的な価値観と相談室や私に対する陽性の感情を大いに示した（面接開始後まもなく，娘の問題行動はすっかりなくなった。これは転移性治癒の一環と思われる）。彼女の語りの大半は，娘の受験争いやそれに関する親の駆け引きについて，また女性がどういうランクの相手と結婚するかについてであった。そこからはBが女性同士の競合的な世界に生きていること，不出来だった自分の取り繕いを娘に託している姿が窺われた。受験を巡る話題に関して私は，娘のことを

思う気持ちと同時に，B自身が他の親に抱いてしまう競争意識の存在を積極的に指摘した。

　そのような関わりを続けるうちに，Bは少しずつリラックスして連想を語れるようになり，それと同時に，家庭でも緊迫した状況から少しずつゆとりが生まれるようになった。そして育児についても自分だけの主張を通すのではなく，夫も含めた三人で協力する必要性に気づいたとある時語った。夫はそれまで，娘の問題についても，受験についても一切関与させられていなかったが，自分の意見が尊重されるようになると，積極的に娘の世話をするようになった。このことは，Bに時間的心理的な余裕をもたらすこととなった。Bは，夫が娘と関わり合っている時の観察を通して，それまでは気づかなかった娘の姿を発見し，新しい子育ての喜びを知るに至った。

　そしてその頃より，Bが問題視する事柄の中心は，幼少期に自分のことを見てくれなかった母親に対する不満へと移っていった。彼女の理解によると，娘が問題を起こすのは，娘の素質というよりむしろ母親である自分が原因であり，それは元を辿れば自分が母親から何も教わらなかったからなのである。

　転機は4週間の夏期休暇後に訪れた。Bはこの夏期休暇を孤独な時間と体験したようで，「一人で努力しなければならない」という信念を強く抱くようになったのであった。そして，娘が集中的に勉強できるように死力を尽くし，結果として成績が跳ね上がったことを半ば躁的に話した。

　その後Bは，自分が変わっても親が変わらないなら，心理療法も無意味だと言うようになり，来談を辞めることも考えだした。その一方で，Bはどこかで，こんな風になっている自分自身について改めて考えてゆく心理療法の意義を感じているようだった。

　彼女は引き続き娘との受験勉強に力を注いだが，あるセッションの中で，受験を通して他の親たちとよそよそしくなった上に，子どものいないかつての親友たちと次第に疎遠になっていることを涙ながらに語った。私は，彼女が一人で努力しようとすればするほど，孤独で辛くなっていることを伝えてみた。彼女は「一つ得れば一つ失うものがある」という友人の言葉を自分に言い聞かせているようだった。さらに，自分も幼稚園までは母親によく面倒を見てもらっていたが，小学校入学後は母親自身の多忙のために放っておかれるようになったと振り返った。

　その頃娘の成績は実際にトップクラスにまで躍進し，幼稚園や塾では，優

秀な子どもの親として一目置かれるようになった。そういう状況にBは喜びを感じてもいたが，次第にこんなことをして自分はわが子を何にしたいのだろうとふと疑問に思うようになった。そこからは，娘の成長を純粋に望んでいる部分と，理想的な母になるために娘を利用している部分の二つがあるBの姿が浮き彫りになっていた。そして彼女は，娘があまりにせっかちに行動するようになった姿に不安を感じ，小学校受験を最終目標に掲げ釈迦力に邁進する方針をやめるべきか深く悩んだ。

　私はこの時，それまでとは決定的に異なる見方を得たのだろうと思った。しかし，Bはその後，受験対策に奔走するあまり崩した体調を理由に面接を何度かキャンセルした。そして最後の面接から数週間たったある回の当日にしばらくの休止の伝言を残したきり，音沙汰が無くなった。

(2) ペニス羨望と羨望の防衛

　提示した心理療法プロセスの，とりわけ後半部分で明らかになったのは，自分の母親は十分に面倒を見てくれないのだから，自分一人でがんばるしかない，というBの根深い信念である。Bは，母親が適切に養育しなかった，大切なものを与えてくれなかったという思いが強く，その代替として良いもの，すなわち，学歴，キャリア，子どもなどを所有する願望を抱いていた。同時に，そのような良いものを与えてくれる存在にすがる傾向があり，それは婚約者，夫，そして治療者などが対象となっていた。そのようなBの姿は，フロイトのいう「ペニス羨望」の概念が示す女性のあり方に近いものである。そしてそのようなあり様が，（Bの重視する価値観に則った）社会的な成功，適応へと導いていった。さて，このようなBのあり方，すなわち心理療法のプロセスを経て獲得していった立派な娘の成長は，昇華の視点から見た場合どのように捉えられるだろうか。

　症例からは少し離れてしまうが，ここでペニス羨望やクライン派の羨望について，理論的な議論の変遷を整理しておこう。

◆ペニス羨望と昇華

　フロイトは後期になって，それまで重視することが少なかった女性のセク

シュアリティについて集中的に考察するようになった。その際，理論的な中心に据えられたのがペニス羨望（Penisneid/penis envy）である。この考えの出発点にあるのは，男女の心理的な差が解剖学的な差異，すなわちペニスの有無に起因するという発想である。フロイトは，生得的な差異ゆえに，エディプス・コンプレックスの体験様式が男子と女子では決定的に異なると考えた。彼が一連の論文（Freud, S. 1925j; 1931b; 1933a）の中で体系化した女性のペニス羨望の展開を要約すると，次のようになる。

　まず，少女は自分にはペニスがないことに気づき，自分は傷つけられていると感じる。そして，自らも少年と同じようにペニスと持ちたいと望む（去勢コンプレックス）。続いて少女は，ペニスを与えてくれなかった母親に失望し，憎むようになる（その中で母親もペニスを持たない劣等的な存在として蔑視される）。その後，愛着の対象が母親から離れていくにしたがい，ペニスそのものを望むことを諦め，ペニスやその代理物である子どもを与えてくれるかもしれない父親に，ゆくゆくは他の男性に，愛着を感じるようになる。あるいは，ペニスを象徴する男性的なものを獲得すること，社会的に進出することを志向する。

　第一章でも取り上げたように，フロイトは，女性における昇華の才能の乏しさについてたびたび言及しているが，抑圧された欲望としてのペニス羨望が昇華されることによって，何らかの知的な職業をこなす能力へと結びつく可能性を一度だけ示唆している（Freud, S. 1933a, p.125/163）。つまり，ペニス羨望の展開の最終段階においては，そうした社会的成功が得られる可能性があるという発想である。同様の見解は，アブラハム（Abraham, K. 1922）やドイチュ（Deutsch, H. 1925）によっても示されているが，いずれの論考においても昇華そのものの定義については，ほとんど検討がなされていない（つまり，社会的成功や職業的な充実を指して使用しているきらいがある）。

　ペニス羨望に関する議論はその後，ジョーンズ（Jones, E. 1933）などによる詳細化の試みがなされる反面，ホーナイら女性の分析家からは激しい批判を受けた（Horney, K. 1926 他）。彼女らの批判は，フロイトの理論体系が

男根中心的な発想に終始しており，女性特有の性のあり方や女性的欲動の存在を度外視していることに向けられている。

そのような中，クラインは早期エディプス状況の描写の中で，フロイトが想定したよりも早期のペニス羨望の存在を提示した（Klein, M. 1928; 1945）。そして，彼女のペニス羨望に対する関心や臨床的観察はさらに展開をみせ，晩年の大作『羨望と感謝』において，より拡張した基礎概念としての羨望が登場するに至った。

◆羨望と羨望の防衛

クラインによると，羨望とは良い対象に向けられる原初的な破壊衝動であり，豊穣な生産性のある良い乳房に向けられるものである（Klein, M. 1957）。羨望とは，その対象が良いものであり，優れたものであり，豊かなものであるがゆえに発動する。ここで注意しなくてはならないのは，クラインやクライン派の精神分析家が扱っている羨望は，ペニス羨望のように男根期水準のものではなく，より早期の口唇期水準の衝動である点である。

この衝動は，本人にとっても大変厄介なものであり，それが活性化すれば心の平衡が崩され，極めて不安定な状態に陥ってしまう。というのも羨望による攻撃性とは，自分に脅威や害をもたらすものから身を守るために向けられるのではなく，自らに栄養や益をもたらしうるものに対して向けられるからである。これは結果的に自らを飢えさせ，自らを破壊することを意味する。それゆえクラインは，羨望を死の本能の最も原初的な形態と捉えた。

そのため，羨望を生じさせないようにするために様々な防衛が用いられることとなる。羨望の防衛の種類やその特徴については，クラインを始め，数多く論じられているが，その中でもスピリウスは，特に体系化したまとめを提示している。彼女によると羨望の防衛は以下の六つの形態に分類される（Spillius, E. B. 1993, p.1204/107）。

(1) 対象の良い性質の侮辱（賞賛と依存は減少する）
(2) 羨望の投影（自分は羨望しない人間で，羨望に満ちた破壊的な人々

に囲まれていると見る）
（3）羨望の対象の理想化（自分との比較は無関係になる）
（4）投影と取り入れを通じて，理想化された対象，あるいはその諸側面と同一化する（それによって羨望の対象の素晴らしい属性を自らが有している気分になる）
（5）愛する感情の圧殺と憎悪の強化（無関心や情緒的引きこもりになる）
（6）自らを絶望的だと万能的にみなす被虐的防衛（羨望の対象は自分を癒せず，価値の無いことが実証される）

　本書のテーマに大きく関係するのは，(4)の防衛である（以下，「羨望の第四防衛」と呼ぶ）。これは六つの防衛の中でも唯一，自らが良いものへと変わろうとするものであり，羨望という根源的に存在する本能が，結果として社会的・文化的に望ましい姿に変容するばかりか，元来の自己破壊的な側面が適応的に生きる原動力となる可能性も孕んでいる。
　では，羨望の第四防衛は昇華と言えるのだろうか？　死の本能の昇華に関する議論が，精神分析史上非常に錯綜していたことに鑑みるならば，これは意義深い問いである。

◆羨望の第四防衛と昇華
　ローゼンフェルトは，羨望の第四防衛を巧みに使用する男性の症例を報告している（Rosenfeld, H. 1964）。この患者は強固な自己愛的な人物で，自己愛構造体に心が占拠された状態にあった。彼にとって自らの依存を自覚することは，自分が卑小で，お腹をすかし，恥ずかしい思いをしているという耐え難い感情をもたらすため，依存欲求とそれに関する不安を否認し，優越的で万能的な態度を取っていた。その背景には，栄養を与える母親としての分析家の優秀さに対する羨望があった。治療の中で患者は，少しずつではあるものの，自分が自己の理想イメージを維持して現実に触れないようにしていることに気づくようになった。ローゼンフェルトは，十全な治療のためには，患者の万能的自己愛とそれに関するすべての側面が詳細に露わにされ，患者

のより正常な部分に統合されねばならない，それこそクラインが言う抑うつポジションのワークスルーである，と結論づけている。

　つまり，羨望の第四防衛が，抑うつ不安の耐えられなさゆえの防衛であるとするならば，本書で再定式化した意味での昇華と言うことはできない。既に論じたように，昇華とは自らが失った対象と十分に向かい合い，それを乗り越えていく心の作業である。ローゼンフェルトの患者は，自分が栄養を与えられねばならない弱い存在であり，依存せねば生きていけないという真実に耐えられなかった。そしてそのために依存対象への羨望が掻き立てられていた（これは口唇期水準の羨望である）。羨望の第四防衛とは，こうした抑うつ不安を，あたかも自らが優れた存在であるかのように見せて否認する手段である。提示された症例の中には，日常生活での防衛によって高い評価が得られている様子は特に記されておらず，分析場面における防衛が描かれているだけだが，そうした防衛がいくら上手くいき，社会的・文化的に高い評価を得る結果になったとしても，それは昇華と呼ぶにはふさわしくない。

(3) B夫人の男根期的再建

　B夫人の症例に戻ろう。Bの場合は，先述のローゼンフェルトの男性患者のような口唇期的な水準の羨望が強く見られるわけではない。しかしながら，その不安や不満の性質は，大いに口唇期的な水準のものである。

　Bは，自分は母親から十分な教育や学歴を与えられなかった，としばしば口にしていたが，その中身を掘り下げていくにしたがって，十分なケアや愛情を得られていなかったという心的現実に行きついた。治療関係においては，夏期休暇後に展開した転移状況に著しく認められるだろう。4週間の面接の休みは，Bにとって，治療者から愛されていないことを感じさせられるには十分な期間であったようであり，その間彼女は娘と受験勉強に精を出すことで乗り越えようとした。いわば「躁的防衛」による乗り越えである。

　翻って考えてみるに，彼女がこれまで躁的防衛をたびたび用いていたことはすぐに読み取れる。とりわけ娘を有名校に入学させようと躍起になっている辺りは顕著なものであるし，社会的に十分な地位をもつ男性とすぐに結婚

したことも同様の心性と言えるだろう。さらには、そもそもBが相談室へ来談し、問題の解決を図ったことも、一つの躁的防衛と言えるかもしれない。つまり、Bの中には、母親から愛情を得られなかったという空想があり、そうした苦しさを否認するべく、良いものを得ようとするのである。その良いものとは、Bなりの価値あるものであり、それはつまるところ、男根期的な価値観によるものである。これはフロイトがペニス羨望の理論で描いている女性のあり方の一つの型でもあるし、「羨望の第四防衛」の男根期バージョンと言うこともできるだろう。

　発達論的に捉えるならば、口唇期の段階での失敗を、その後訪れる男根期水準のもので修正し、回復しようと試みている。筆者はここで、こうした立て直しを「**男根期的再建**」と名づけてみたい。これは、発達の早期における喪の作業の失敗、去勢の失敗を、後の発達段階である男根期における快の獲得手段によって取り繕うことを意味している。この方法を用いることによって、人は（少なくとも表面的には）社会的・文化的に価値あるものを手にすることができるので、Bがこれまでの人生で試みてきたように、そして心理療法を部分的に用いることによって果たしたように、高い評価を受けることが可能になる。これはおそらくフェニケルの言う意味での昇華とは言えるだろうが、本書で言わんとしている昇華とは区別されねばならない。なぜならば、〈物〉の喪失そのものは否認されており、〈物〉の再建と言えるものではないからである。それは「偽りの昇華」と呼ぶことができるかもしれない。

(4) 心理療法過程の再考

　本症例が中断してから約一年が経過した頃、Bより一通の手紙が届いた。それによると、娘は第一志望の学校に無事合格し、今は毎日元気に登校しているとのことだった。ただ、それによってBが安心できたわけではなく、現在はなるたけ先取りした学習をさせるための塾に、幼稚園時代以上の熱心さで通わせているようだった。手紙の末尾には、最も苦悩した時期に相談に乗ってくれた私に対する感謝の言葉が添えられていた。

中断の形で終わったこの心理療法において，一時的にせよ意義があったと思われるのは，Bが娘との強固な同一化のもと進められていた男根期的再建・躁的防衛について見直す機会を持てたことである。その中で彼女は，自分と娘は別の人間であるという視点を少しずつ得ていた。そして，それまでの娘との関わり方に疑問を抱き，異なる子育てのあり方や自分の生き方を考え始めたし，夫という第三者の協力を得ようと試みもした。しかし，その新しい方向性を追求することは大きな葛藤をもたらしたようであり，最終的には元来と同様の防衛パターンに進むことになったようである。それは後の手紙からも確認される。

　これを単なる反復で済まさないためには，治療過程の中で転移として自ずと生じた反復を，異なる視点で扱い，治療者と共に生き抜くことが必要だったのだろう。すなわち，彼女が一人孤独に邁進するのではなく，その背景にある彼女の辛さや苦痛，寂しさ，そしてそのようにせざるをえない彼女の不幸や不安などを二人で共有することである。とりわけ，4週間の夏期休暇後のやりとりが極めて肝要だったように思われる。

　ところで，この心理療法によって，Bの主訴であった娘の問題行動は影をひそめ，希望通り受験も成功を収めることとなった。これに「偽りの昇華」という不名誉な名称を与え，心理療法としての不十分さを謳っているのは，治療者の側である。逆にもし，筆者の言う喪の作業としての昇華が，この面接で果たされていたとしたら，Bの娘は受験に成功しなかったかもしれない。患者はそれらをどう体験し，どう評価するだろうか。ここにも価値に関わる問題の難しさがあるように思われる。

2. 肛門期的再建による偽りの昇華

　次に提示する症例のC夫人も，先のB夫人と同様，根底に依存や甘えなど，口唇期的な問題が認められた中年期女性である。さらに，そのパーソナリティがヒステリー的であること，人生における困難に対して，結婚や子どもの

存在に頼り，解決しようとした点で類似している。ただし，その再建のあり方はB夫人とは幾分異なっており，それは肛門期的な水準のものが優位であった。

そうしたあり方は，シャスゲ‐スミルゲルが言うところの，偽りの昇華を連想させる。彼女が言う偽りの昇華とは，ある種の倒錯的な心性にしがみつき，真の意味での喪の作業を行おうとしない状態である。フロイトが当初から定義していたように，昇華と倒錯は対極のものとして位置づけられるのかもしれないが，以下の症例からも窺えるように，それらの区別は少なからず複雑なもののように思われる。

(1) 臨床素材　C夫人

　　　　ここでCと呼ぶ50代の中年女性は，激しい抑うつ気分と言いようのない不安を訴えて，筆者の勤務する医療機関に訪れた。彼女がこのような辛い状況になったきっかけは，たった一人の愛してやまなかった子どもが家を出て行ったからであった。子どもは，社会人になっただけで，これからも会う機会はいくらでもあるにもかかわらず，Cにとっては耐え難い不安と苦痛を喚起した。それほど子どもはCにとってかけがえのない存在であった。一連の薬物治療も奏功しないとの理由で心理療法が実施されることとなった。

　　Cは自分のことを大変不幸な人間で，それはひとえに結婚に失敗したからであると思っていた。エリートサラリーマンである夫は，仕事に真剣で，その業界での評価も高かったが，その反面，家庭を顧みることを一切しないばかりか，彼女のことを歯牙にもかけない男性であった。Cは結婚するまで彼のそういう側面を予想だにしていなかったので，結婚後それを知った時は，大いに失望した。それは，実際に離婚を考えるほどの絶望であったが，最終的に彼女は周りから引き止められ，子どもをもうけることにした。父親になれば夫も少しは変わるだろうと見越してのことだった。しかしながら，そうした期待にも応えられることはなく，夫の態度は一切変わらなかったため，以後Cの生き甲斐は子育てのみとなった。夫は勤務地を転々としたが，子どもが生まれてからCは夫についていくことはしなくなった。

　　そのような生活が20年余り続いていたため，子どもとの別れはCにとって大変酷なものだった。もともと愛飲家であったCは，ほとんど毎晩のよう

に街へ飲みに出かけた。彼女には夜遊びの時にだけ使用する偽名があり，全くの別人格として，誰にも素性を知られず振る舞っていた。そこで知り合った友人たちと盛り上がっている時，彼女は自分が「本当の自分」になっていると感じるのだった。一方，日中の落ち込みは激しく，日常生活もままならなくなっていた。

　私との週一回の心理療法は序盤，いわゆる「自分について考える」といったものではなく，止めどない夫に対する不満を口にした。彼女には，自分の人生を台無しにした夫がどうしても許せなかった。私は基本的に支持的に関わっていたが，よくよく話を聞いていると，子どもが独り立ちした今，夫とともに生きていくこと以外に彼女に残された道はないとどこかで悟っているようだった。それに伴う葛藤の耐えがたさが，面接に来ている直接的な理由であるようにも思われた。ただ，面接に通うようになってからまもなく，Ｃは心の痛みを除去するためだけにアルコールを多飲することはしなくなった。それと呼応するようにキャンセルは多くなり，来談頻度は月に2回程度となっていた。彼女はもっともらしい理由をつけて面接を休むのだった。

　転機は，面接が開始してから一年ほどした頃，たまたま夫が独立して自営を始めるという話が持ち上がった頃に訪れた。Ｃは起業に伴う様々な仕事を自ら買って出た。一般的な職務の経験のない彼女にとって，役所や様々な会社を回るのは大変過酷なものだった。

　Ｃは夫のことを，あくまでビジネスパートナーと見なすことに固執したが，夫の様々な言動に心穏やかではなかった。例えば，夫が隠し口座を保有しており，そこに長年にわたって相当額の貯蓄を溜め込んでいることを見つけ出した時，Ｃは憤怒し呆れ果てた。自分の知らない所で好き放題に振る舞い，よそでは善人ぶる夫をＣはいつも非難したが，それは彼女自身の生き方を投影しているようにも思われた。同時に，心理療法における転移関係も様々なことが展開したが，次第に彼女はそれまでは頑なに話そうとしなかった自らの素性を私にも語るようになった。

　起業するにあたって生じたいくらかのトラブルも何とか乗り越え，会社が立ち上がり，事業も軌道に乗るようになった。その業種がそれまでなかった地方の土地にその会社が設立されたため，甚大な地域貢献がもたらされた。さらには，長らくサラリーマンであった夫に多くの栄光をもたらし，生きがいを失ったＣには新しいライフワークをもたらした。私の眼には，Ｃと夫が会社の設立を巡って20年ぶりに寄り添い合えたようにも映った。会社は象

徴的な意味でこの夫婦の二人目の子どもを表しているようだった。

　あるセッションで，Cは起業の成功を感慨深く語った。治療者として話を聞いていた私の心にも，大きな進展が感じられ，心動かされたが，同時にそれがどこか嘘のような，白々しいもののように感じてならなかった。

　私のそうした所感が，理由がないわけではないことは，後々分かってきた。Cの実生活は大きく変化し，実際に会社という素晴らしい社会的・文化的に評価されるものが出来上がったが，彼女の心のあり方は何ら変わっていなかったのである。彼女は経営に毎日忙しく勤務したが，心の隙間，寂しさ，孤独感，不幸感はどうしても満たされなかった。自分の生き方が，現在もこれまでも，ずっと偽りで満ちていたということは，心理療法の中で共有されるものとなっていた。そうした自らの生き方について考えていくことなしには，もはや先がないということをCが気づいた時，私たちの心理療法は本当の意味で始まった。

(2) 考 察

　心理療法の経過を通じて，毎晩飲み歩いていた専業主婦が，一つの会社の管理職として仕事に従事するようになった点は，それ自体評価されていいことかもしれない。これが適応の過程と呼べることは間違いないし，その意味でフェニケルが定義する意味での昇華の条件は十分に満たしている。Cの夜遊びが寂しさを埋める目的と同時に，性欲動の充足を目的としたものであったと仮定した場合，彼女がそうした行動を控えるようになり，まっとうな社会人として振る舞うようになったことは，（古典的な意味での）昇華と言って差し支えないように思われる[1]。

　また，設立された会社は，この夫婦の距離を縮めることに有益に働いた。先に筆者は，会社が象徴的な二人目の子どもであると述べたが，一人目の子ども（実子）がC夫婦にとって婚姻関係を辛うじて繋ぎとめておくものだと

---

1) C夫人が私のもとへやって来た当初の状態を欲動の水準で見れば，それらはアルコールや夜遊びといった自己破壊的な方向へ向けられていたと言えるだろう。こうした姿は，ヴァルドレが提示している修復技師（分析過程を経て最後は陶器職人になる）の症例A.と通じるものがある。この症例の治療初期において，患者の欲動備給は，個人を傷つけること，アルコール，性的乱脈，危険な人物に向けられていた，と考えられている（Valdrè, R. 2014, p.64）。

したら，この二人目の子どもは一度破綻した夫婦関係を少し変則的な形で修復したと言える。それだけでなく，この組織はその地域に住む多くの人たちにどれだけ貢献しただろうか。

しかしながら，こうした社会的な成功は，心の真実と向かい合い，喪の作業を進めていくという意味での昇華の過程とは一線を画すものである。Cが従来より，隠れた秘密の空間で享楽的に振る舞うことは来歴からも十分窺えることであり，そうすることで自分の意のままになる世界の演出を試みている。それは他者を支配するという形で，心理療法のプロセス中にも浮かび上がってくる。会社経営も，表向きは社会的な公益をもたらす組織であるが，背景にはCが自分の望むままに人を動かし，個人的な益を享受できるようにするシステムで成り立っていた。これは，精神分析では伝統的に肛門期的な支配と呼ばれるあり方であり，それは面接場面では頻回のキャンセルや遅刻という形で表れていた。心理療法はお互いの合意と契約のもと設定されていたが，そのようなものはないかのように，Cは面接構造の主導権を握っていた。Cのそうした振る舞いを治療者の介入によって共有する作業は多くの困難を伴った。

こうした支配，操作の背景にあるものは，心理療法の経過を通じて，貪欲な依存心，愛されたいという感覚，見捨てられ不安であることが明らかになっていった。つまり，CもまたBと同じく，口唇期的な満足に欠乏していたのである（実際，提示した心理療法過程の後には，彼女が如何に母から愛情を得られず悲しい思いをしていたのかということが話題の中心になった）。そうしたことを踏まえれば，Cが成し遂げた社会的な達成は，昇華ではなく，むしろ**「肛門期的再建」**とでも言うべきである。

Cによるそうした再建は，当初の計画によれば，結婚によって果たされるはずであったが，その計画は脆くも崩れ去った。その後の代替案として出てきたのが子どもと共に過ごし，子どもを一角の人間に育てることである。この再建は子どもが実際に優秀な子どもであったこともあり，功を奏したようである。しかし，当然子どもはCの所有物であるはずがないので，時が経過すれば一人の人間として成長し，ついには独り立ちすることとなった。これ

が，C夫人が見舞われた人生第二の破綻であり，言いようのない抑うつ症状に見舞われることになった。私との心理療法はつまるところ，夫との起業によって第三の再建を行うための作業だったと言えるかもしれない。

　子どもを産み，育てること，会社を作ることは，彼女が原初的に失った〈物〉を覆う面はあったかもしれないが，〈物〉について扱い，考える作業には至らなかった。むしろ，首尾よく〈物〉を隠蔽し，最も辛い現実を巧みにマスキングするのに一役買っていたのだろう。真の昇華のプロセスが始まるのは，こうしたあり方に限界を感じ，そのことについて考える必要に駆られる時に他ならないだろう。

終章　天才論から喪の作業へ

　ここまで六つの章を通じて，精神分析における昇華理論の展開を概観し，批判的検討を加え，そしてその臨床的応用性を考察してきた。本書をしめくくるこの章では，それらを総括すると同時に，この理論の問題と可能性を論じてみたい。

1. 天才論の失墜

　昇華概念の理論的な脆弱性は，本書の第一部で繰り返し述べたように，その担い手が判然としない点に見出せる。フロイトが人類のごく一握りの人間を対象にしようと試みたものは，後世では結果として，誰もが達成できる類のものになってしまった。昇華理論がこのような帰結を辿った要因を考えてみると，次の二つのような事情が浮かび上がってくる。

　第一の事情は，理論的な必然性である。昇華とは，性欲動が性的な性質を失い（（i）脱性化され），社会や文化に受け入れられる形になる（（ii）社会化される）ものである。すなわち，現実原理に従って，それに対応する形で性欲動を変形させる二次過程の機制である。

　フロイトが天才論について語る際の昇華は，性欲動を変容させる特異な能力を強調することに重点が置かれている。しかし，その変容能力の高低を決定する要因は考察されていないし，天才と凡人とを区別する基準も示されていない。実際に，メタサイコロジー論の文脈以外で，フロイトが昇華について語る時，そのニュアンスは概ね修辞的で，詩的である。フロイトは，ある崇高で類いまれなる制作物（芸術作品や名著など）を，賞賛のニュアンスを

込めて表す一方で，その生成要因を説明するためのメカニズムについては，厳密には扱わないというスタンスを取っている。

　それに対して，メタサイコロジカルな側面を探求すれば，もともと不備の多い部分だったこともあり，詩的な側面はどんどん隅へ追いやられていくことになった。そこでとりわけ検討されるのは，現実原理の部分，つまり，人がどのようにして外的な現実と関わってゆくか，という点である。個々人の外部に位置づけられる現実や価値は，（少なくとも理屈上は）誰にとっても同一なものなので，この部分の理論的な探究を進めてゆくと，昇華理論も，ある個人の特性を描写するよりも，普遍的な人間の心のあり方，すなわち，現実や価値を受け取っていくプロセスを探究する方向へ進むことになる。フロイトの場合で言えば，リビドー備給や自我理想の考究が，自我心理学であれば自我機能や防衛機制の理論化がそれに相当する。それゆえ，昇華における二次過程の側面が追求されるにしたがい，それは崇高で特異なものではなく，普遍的で月並みなものへと改変されることになったのである。フロイトの中でさえ，メタサイコロジー研究を進めた中期以降，この傾向が垣間見られたこと，そしてフロイト以後の精神分析ではそれがますます加速したことの背景には，こうした理論的な必然性があったと言えるだろう。

　第二の事情は，人間の崇高な営為を描写しようとしたフロイトの夢が引き継がれなかったことである。精神分析は神経科医フロイトの手による治療実践から始まったとはいえ，多彩な教養の持ち主である文化人の関心は，治療だけに留まらなかった。そのような中，昇華という術語は，彼が関心を払い続けてやまなかった文化論や芸術論，病跡学の方面で語られる際，大きな役割を果たすこととなった。それに対して，昇華を取り上げた後世の分析家たちは，基本的にそういった文脈ではこの言葉を用いなかった。昇華が論じられる関連文献のほとんどが，治療論やメタサイコロジー研究であることからも，彼ら／彼女らが，フロイトほどには文化論や芸術論に情熱を注げなかったことが伺われるだろう。

　精神分析史において，ある用語の概念が展開し，変化することは，頓に見られることである。昇華に関して言えば，フロイト以後「天才論の失墜」と

でも言うべき事態が生じ，その結果，昇華は「手の届きがたいもの」から「誰にでも手の届くもの」へと成り変わったのである。

2. 喪の作業としての昇華——その臨床的応用性

　本書の第二部では，まず第三章にて理論的な識別を行い，第四章で新しい定義づけを試みた。クラインやラカンの思考を吟味する中で，昇華はもはや天才の精神世界を語るものではなく，喪の作業を通じて社会・文化で生きてゆく人の内的プロセスを描写するものとなった。そこで昇華理論の要素として抽出されたのは，(I) 代替満足，(II) 象徴化，(III)〈物〉の再建，の三つである。

　本書の冒頭でも述べたように，昇華とは，個人の内的な心の作業と，個人が生きる外的世界の価値観が交差する点に位置づけられる概念である。それは，先の三要素がいずれも，個人の心的過程を描写する言葉である一方で，外的世界や他者との関わりを表すものであることからも窺える。

　(I) 代替満足については，その代替がどのような類のものであるかという点に外的世界との関わりがある。欲動とはそもそも代替満足を余儀なくされているものであるが，その背景には社会的・文化的要請があり，その代替物もまた社会的・文化的なものである。(II) 象徴化についても同様であり，これは文字通り外的現実の価値観を取り入れ，共有することや，他者との関わりを意味する要素である。また治療論としては，象徴化を促す手立てとして，治療者がコンテイナーとして機能する可能性も示唆している。(III)〈物〉の再建においては，とりわけフロイトの昇華理論とは異なる形で他者との交流が強調される。そもそも〈物〉とは，他者の喪失によって発生した欠如に起源をもつものであり，それゆえにそれを補う作業も単独で行われるのではなく，他者との関わりが必要になる。

　こうして外界や他者との交わりが強調される昇華理論を提起し直すことで，治療者である私たちは，喪の作業としての昇華を，治療の指針の一つとする機会を得ることになる。例えば，「この患者の昇華を難しくしているのは，一体何なのか？」と自問することで，その問題を解決するための端緒を探る

ことができるかもしれない。

　もし患者が，短絡的な欲動の満足ばかりを繰り返しているのであれば，(Ⅰ) 代替満足の部分に着眼させられる。具体的な行動によって，苦痛や葛藤を排泄し続けているのであれば，昇華は当然起こりえないだろう。こうした視点は，快原理優位の世の中において精神分析が果たす役割を考えても意義深い視点である。また，一つの神経症症状が固定されているような場合にもこの視点が有益に働くかもしれない。

　ある患者の (Ⅱ) 象徴化の部分に問題があるとすれば，その要因の追求が必要であろう。前提として，患者の象徴機能が，（個人，およびその人を取り巻く環境面において）どの程度機能するのかをアセスメントすることは不可欠であるし，それに基づいて治療者は，患者が考えられないものを考えられるように変形し，象徴化の援助をしてやることができるかもしれない。いずれにせよ，治療者がコンテイナーとして関わることが治療の促進に繋がるはずである。

　なお，第五章で取り上げた象徴産出的去勢という治療者の行為は，この (Ⅰ) と (Ⅱ) の二点を実行するための技法である。この考えは，昇華理論が事例理解に寄与するミクロな視点をもたらす。

　そして，(Ⅲ) 〈物〉の再建の不十分さに由来する昇華の失敗は，その人の生き方，防衛，適応を考える際に一つの視点をもたらす。第六章で検討した症例のように，抑うつ不安を否認すべく適応的になってゆく患者は，失われた〈物〉が，本来の水準で扱われていなかった。そうした彼女たちの生き方に対し，筆者は男根期的再建，肛門期的再建といった造語を与えたが，このようなマクロな視点で事例を見る際に，昇華理論が一つの視座を提供するだろう。

　B夫人とC夫人の症例では，十分に適応したように見えるものの，心的な体験様式は本質的には変容していなかったことを提示し，それを昇華の観点から論じた。昇華理論による視点は，外的評価によって一義的に心理療法の効果を測定しようとする立場，すなわち一種の経済論理によって物事の善し悪しを断定する風潮に対する，一つのアンチ・テーゼでもある。また同時に，その対極に位置づけられるであろう，適応面は度外視し，治療者が主観的に

心理療法の良し悪しを評価する立場に陥らないよう，踏み留まらせる視点も提供している。昇華という心の成熟には，外界を受け入れ取り込んでいくプロセスが不可避に関わってくるからである。

つまるところ，喪の作業としての昇華は，人の心の成熟を内側からも外側からも，双眼的に見つめる概念なのである。

3. 精神分析と昇華

(1) 昇華とは純粋なものなのか？

筆者はここまで，純粋で理想的な心的プロセスとして昇華を想定してきた。つまり，理論的にも臨床的にも，ある種の絶対的な到達点であるかのように昇華を捉え，その構成要素を考査し，技法論を論じ，それが不十分な臨床経過を報告した。そのような考え方は，本書全体に通底しているが，批判されるべき大きな問題をいくらか孕んでいる。

まず挙げられるのは，研究手法の問題である。純粋な形態としての昇華のプロセスを主張するならば，少なくともそれが達成されたことを具体的な例や経験によって示し，そう結論づける根拠が提示されるべきである。しかし本書では，第六章で「偽りの昇華」を論じたように，ネガの側面から考察することによって，真に純粋な昇華が存在することを匂わす論法を取っている。偽りの昇華の概念は，あくまで事例を読み解くための一つの視座を提供するためのものであるが，そう言うからには理論的な前提として，偽りではない，真に純粋なものが示されねばならない。昇華を純粋な形態として想定することは，根拠のない絵空事である，という批判がなされた場合，本書の議論をもってそれを退けるのは困難であろう。こうした課題は，さらなる臨床実践の経験によって，考究され続けねばならない。

次に，理論上の問題である。昇華は定義からすれば，むしろ不純なものが多く付け加わった状態を指す言葉である。本来のオリジナルな満足が，現実で生きていく上では叶わないゆえに，様々な加工や妥協を重ねてゆく過程と言えるからである。実際，昇華と関連あるキーワードとして挙げられるのは，

「二次過程」,「防衛」,「適応」,「隠蔽」,「諦め」などの言葉である。これらはすべて,現実に対応するために,オリジナルのものを捨てた結果を表す言葉である。そのように考えると,筆者がある種の二枚舌を使っていることが明らかになるだろう。メタサイコロジカルな考査を重ねた昇華理論は,現実の様々な要請を取り込んだ"純粋ならざるもの"を主張しているにもかかわらず,臨床的応用性に向けた昇華理論に関しては,追随を許さない純粋な理想形態を想定しているからである。

　さらに,臨床実践における価値観,あるいは倫理観の問題がある。B夫人の症例(第六章)の末部で触れたこととも重なるが,精神分析とは本来,多様な生き方の可能性を認め,個人がその人生を全うできるように援助するものである。ゆえに,何が良いことで何がそうでないかという価値基準は多様なはずで,一義的なものではありえない。むしろ,精神分析臨床とは患者個人が持つ個別的な価値観について徹底的に考え,探求する営みと言える。それゆえ,治療者も多様な価値観に開かれた態度で臨むべきとされているのは当然である。しかしながら,純粋な昇華の形態を想定することは,一種の"正しい治療"や"良い治療"の型を提示することであり,精神分析的な態度と矛盾することにならないだろうか。喪の作業が完遂されること(そのようなものがあればだが)こそ優れた治療だと考えるのは,果たしてどれほど自明のことなのだろうか。もしそうだとしたら,あるいはそうでないとしたら,それは誰が決めるのだろうか。

　以上のような理由により,純粋なものとしての昇華を措定することには困難が伴う。つまり,真の昇華と偽りの昇華の境界線はいささか不明瞭であり,たとえ,昇華が達成されたと思えることがあったとしても,そこには偽りの部分も含まれるのではないかという疑いの目が常に向けられることになる。これはちょうど,ウィニコットの言う自己が,「真の自己」と「偽りの自己」とが交ざりあって構成されているものの,その区別がはっきりとしないのと同じである。昇華も同様に,単一の純粋なものが想定されるものではなく,常にその定義や内容物が更新され続ける類の概念と言えないだろうか。

(2) 精神分析における昇華理論の可能性

　本書では，いくらかの手順を踏んで昇華理論を臨床実践にて有益に働く言葉にする試みを進めてきたが，同時に，純粋で明瞭な形でそれを定めることが如何に困難であるかも明らかになった。これは昇華理論の限界と言ってよいだろう。しかしながら，逆説的ではあるものの，昇華という概念が純粋なものとして規定できないところにこそ，概念としての存在意義が見出されはしないだろうか。

　精神分析史を見渡せば，「かつてエスがあったところに，自我をあらしめよ」（Freud, S. 1933a, p.80/104）を筆頭に，精神分析が目指すものを標榜する命題がいくつもある。それらは，ある精神分析家や学派の指針を定めるものであるが，同時に折に触れて検討され，批判され，更新されるものでもある。そうした事実を見てゆけば，それらの命題が真であるか偽であるかが重要なのではなく，むしろ，精神分析の世界に様々な議論を巻き起こし，精神分析に携わる人の思考を刺激していることにこそ意義があるように思われる。フロイトが提示した「中立原則」や「禁欲原則」，「平等に漂う注意」などの技法に関する用語や，治療目標として語られる「ワークスルー」も同じような役割を果たしている。これらの原則や目標は，達成されることが現実的に不確かな上，それに固執することが常に正しいという確証はないにもかかわらず，今日でもなお参照され続けている。つまり，絶対的な真実として位置づけられるのではなく，意義深くもありながら，物議を醸す命題として存在することによって，あらゆる臨床家に多大な内省の機会をもたらしているのである。

　精神分析とは，何らかの絶対的な存在に依拠することを目指すものでは決してなく，むしろそれを絶えず批判的に検討する営みである。週に何度も分析家の元を訪れて，寝椅子に横になり自由連想をする患者たちは，それまで信じてやまなかった自分の信念に疑問を抱き，それまで気づきもしなかった自分のある一面を知るようになる。精神分析とは，自己の存在をその根本から問い直すことに繰り返し取り組むための装置である。

　こうした態度は，分析実践が行われる面接室の中だけでなく，精神分析集

団のレベルでも生じていることは歴史が雄弁に物語っている。精神分析のコミュニティは，訓練システムの問題などもあるため，密な結束のもと成立してゆくが，学派間の論争だけでなく，学派内でのもめごとも途絶えることを知らない。そこでは，フロイト‐クライン論争やフランス精神分析界の度重なる分裂劇に見られるように，「真の精神分析とは何か？」と要約される問いが常に俎上に上がっている。そして彼らは，何らかの絶対基準に準拠することで落ち着き，そこで思考を停止することはせずに，自らが人生をかけて取り組む営みが何なのか，どうあるべきかを問い続ける道を選んでいる。これはまさに精神分析的な態度と呼べるものであろう。

そうだとすれば，精神分析から生み出される諸概念もまた，その理論が硬直し，固定的になるのではなく，問いに付され，更新され続ける必要がある。昇華理論は，そのようなニーズに応えるだけの素地も，そうされる意義も十分にある概念のように思われる。

昇華理論はその性質上，理論が再構成され，検討し直された場合，概念の一部だけが更新されるのではなく，その体系全体が考慮されざるをえない類の概念である。さらに，臨床実践において，「この患者は，昇華を実現しているのか」，あるいは「昇華を難しくしている要因は何なのか」と問う時，治療者は，患者の心の動き，快・不快の体験様式，実生活での変化，治療者の介入のあり方，治療者との今ここでの関係などを考えるだけでなく，この患者にとっての良いことは何なのか，そして何をもってこの治療を良しとするのかを考えることになる。こうした問いかけや思索は，すぐれて精神分析的な営みと言えないだろうか。

つまり，昇華理論が「交差点」に位置づけられることによって曖昧になり，「重荷」を引きずる運命を辿っている事実は，この概念の価値を貶めるのではなく，むしろこの概念が紛れもなく精神分析のそれであることを表している。その限りにおいて昇華は，精神分析という営みの到達点を見直す試金石となる。

筆者は本書の結論として，「昇華とは精神分析の目標の一つである」と述べることを憚らない。

文　献

Abraham, K. (1922). Manifestations of the Female Castration Complex. *The International Journal of Psycho-Analysis*, **3**, 1–29.

Babonneau, M. & Varga, K. (edit) (2004). *La Sublimation*. Editions in press, Paris.

Bergler, E. (1945). On a Five-Layer Structure in Sublimation. *The Psychoanalytic Quarterly*, **14**, 76–97.

Bibring, E. (1943). The Conception of the Repetition Compulsion. *Psychoanalytic Quarterly*, **12**, 486-519.

Birksted-Breen, D. et al. (2010). *Reading French Psychoanalysis*. Routledge, London & New York.

Brenman, E. (1978). The narcissism of the analyst: its effects in clinical practice. Brenman, E. (2006). *Recovery of the Lost Good Object*. Routledge, London & New York, pp.1–10.

Brierley, M. (1947). Notes on Psycho-Analysis and Integrative Living. *The International Journal of Psycho-Analysis*, **28**, 57–105.

Brunswick, R. M. (1928). A Supplement to Freud's 'History of an Infantile Neurosis'. *The International Journal of Psycho-Analysis*, **9**, pp.439–476. 馬場謙一訳 (2014). フロイトの「ある幼児期神経症の病歴より」への補遺. 狼男による狼男 フロイトの「最も有名な症例」による回想. みすず書房, pp.187–241.

Canham, H. (2004). Spitting, Kicking and Stripping: Technical Difficulties Encountered in the Treatment of Deprived Children. *Journal of Child Psychotherapy*, **30**, 143–154.

Chasseguet-Smirgel, J. (1975). *L'idéal du Moi: Essai sur la Maladie d'Idéalité*. Tchou, Paris.

Chetrit-Vatine, V. (2005). De l'emprise à la caresse, le temps... d'un moment sublimatoire. *Revue française de psychanalyse*, **69 (5)**, 1495–1503.

Coblence, F. (2005). Sublimer, déplacer. *Revue française de psychanalyse*, **69 (5)**, 1380–1388.

Deri, F. (1939). On Sublimation. *Psychoanalytic Quarterly*, **8**, 325–334.

Deutsch, H. (1925). The Psychology of Women in Relation to the Functions of Reproduction. *The International Journal of Psycho-Analysis*, **6**, 405–418.

Dolto, F. (1982). *Séminaire de psychanalyse d'enfants*, Tome 1. Seuil, Paris.

―― (1984). *L'image inconscient du corps*. Seuil, Paris. 榎本譲訳 (1994). 無意識的身体像 子供の心の発達と病理1・2. 言叢社.

Evans, D. (1996). *An Introductory Dictionary of Lacanian Psychoanalysis*. Routledge,

London and New York.

Fenichel, O. (1945). *The Psychoanalytic Theory of Neurosis*. W. W. Norton & Company, New York & London.

Freud, A. (1936). *The Ego and the Mechanisms of Defence* (trans). International Universities Press, New York. 外林大作訳 (1958). 自我と防衛. 誠信書房.

Freud, S. (1905d). Three Essays on the Theory of Sexuality. *S.E.7*, pp.123–243. 渡邉俊之訳 (2009). 性理論のための三篇. フロイト全集6, pp.163–310.

—— (1905e [1901]). Fragment of an Analysis of a Case of Hysteria. *S.E.7*, pp.1–122. 渡邉俊之・草野シュワルツ美穂子訳 (2009). あるヒステリー分析の断片〔ドーラ〕. フロイト全集6, pp.1–161.

—— (1908b). Character and Anal Erotism. *S.E.9*, pp.167–175. 道籏泰三訳 (2007). 性格と肛門性愛. フロイト全集9, pp.279–286.

—— (1908d). 'Civilized' Sexual Morality and Modern Nervous Illness. *S.E.9*, pp.177–204. 道籏泰三訳 (2007).「文化的」性道徳と現代の神経質症. フロイト全集9, pp.251–278.

—— (1909b). Analysis of a Phobia in a Five-Year-Old Boy. *S.E.10*, pp.1–149. 総田純次訳 (2008). ある五歳男児の恐怖症の分析〔ハンス〕. フロイト全集10, pp.1–176.

—— (1910a [1909]). Five Lectures on Psycho-Analysis. *S.E.11*, pp.1–55. 福田覚訳 (2007). 精神分析について. フロイト全集9, pp.109–169.

—— (1910c). Leonardo da Vinci and a Memory of his Childhood. *S.E.11*, pp.57–137. 甲田純生・高田珠樹訳 (2009). レオナルド・ダ・ヴィンチの幼年期の想い出. フロイト全集11, pp.1–97.

—— (1911c). Psycho-analytic Notes on an Autobiographical Account of a Case of Paranoia (Dementia Paranoides). *S.E.12*, pp.1–82. 渡辺哲夫訳 (2009). 自伝的に記述されたパラノイアの一症例に関する精神分析的考察〔シュレーバー〕. フロイト全集11, pp.99–187.

—— (1912d). On the Universal Tendency to Debasement in the Sphere of Love (Contributions to the Psychology of Love II). *S.E.11*. pp.177–190. 須藤訓任訳 (2009). 性愛生活が誰からも貶められることについて. フロイト全集12, pp.231–245.

—— (1912e). Recommendations to Physicians Practising Psycho-Analysis. *S.E.12*, pp.109–120. 須藤訓任訳 (2009). 精神分析治療に際して医師が注意すべきことども. フロイト全集12, pp.247–257.

—— (1913j). The Claims of Psycho-Analysis to Scientific Interest. *S.E.13*, pp.163–190. 福田覚訳 (2010). 精神分析への関心. フロイト全集13, pp.203–234.

—— (1914c). On Narcissism: An Introduction. *S.E.14*, pp.67–102. 立木康介訳 (2010). ナルシシズムの導入にむけて. フロイト全集13, pp.115–151.

—— (1914d). On the History of the Psycho-Analytic Movement. *S.E.14*, pp.1–66. 福田覚訳 (2010). 精神分析運動の歴史のために. フロイト全集13, pp.41–114.

—— (1915b). Thoughts for the Times on War and Death. *S.E.14*, 273–302. 田村公江訳

(2010). 戦争と死についての時評. フロイト全集14, pp.133-166.
—— (1915c). Instincts and their Vicissitudes. *S.E.14*, pp.109-140. 新宮一成訳 (2010). 欲動と欲動運命. フロイト全集14, pp.167-193.
—— (1916-1917 [1915-1917]). Introductory Lectures on Psycho-Analysis. *S.E.15, 16*. 高田珠樹・新宮一成・須藤訓任・道籏泰三訳 (2012). 精神分析入門講義. フロイト全集15.
—— (1917d [1915]). A Metapsychological Supplement to the Theory of Dreams. *S.E.14*, pp.217-235. 新宮一成訳 (2010). 夢学説のメタサイコロジー的補遺. フロイト全集14, pp.255-271.
—— (1918b [1914]). From the History of an Infantile Neurosis. *S.E.17*, pp.1-122. 須藤訓任訳 (2010). ある幼児期神経症の病歴より〔狼男〕. フロイト全集14, pp.1-130.
—— (1919e). 'A Child is being Beaten': A Contribution to the Study of the Origin of Sexual Perversions. *S.E.17*, pp.175-204. 三谷研爾訳 (2010).「子供がぶたれる」——性的倒錯の発生をめぐる知見への寄与. フロイト全集16, pp.121-150.
—— (1920d). Associations of a Four-year-old Child. *S.E.18*, p.266. 藤野寛訳 (2006). ある四歳児の連想. フロイト全集17, pp.281-282.
—— (1920g). Beyond the Pleasure Principle. *S.E.18*, pp.1-64. 須藤訓任訳 (2006). 快原理の彼岸. フロイト全集17, pp.53-125.
—— (1921c). Group Psychology and the Analysis of the Ego. *S.E.18*, pp.65-143. 藤野寛訳 (2006). 集団心理学と自我分析. フロイト全集17, pp.127-223.
—— (1922b). Some Neurotic Mechanisms in Jealousy, Paranoia and Homosexuality. *S.E.18*, pp.221-232. 須藤訓任訳 (2006). 嫉妬, パラノイア, 同性愛に見られる若干の神経症的機制について. フロイト全集17, pp.343-355.
—— (1923b). The Ego and the Id. *S.E.19*, pp.1-66. 道籏泰三訳 (2007). 自我とエス. フロイト全集18, pp.1-62.
—— (1923e). The Infantile Genital Organization (An Interpolation into the Theory of Sexuality). *S.E.19*, pp.139-145. 本間直樹訳 (2007). 幼児期の性器期編成 (性理論に関する追加). フロイト全集18, pp.233-238.
—— (1924d). The Dissolution of the Oedipus Complex. *S.E.19*, pp.171-179. 太寿堂真訳 (2007). エディプスコンプレクスの没落. フロイト全集18, pp.301-309.
—— (1925h). Negation. *S.E.19*, pp.233-239. 石田雄一訳 (2010). 否定. フロイト全集19, pp.1-7.
—— (1925j). Some Psychical Consequences of the Anatomical Distinction between the Sexes. *S.E.19*, pp.241-258. 大宮勘一郎訳 (2010). 解剖学的な性差の若干の心的帰結. フロイト全集19, pp.203-215.
—— (1926d [1925]). Inhibitions, Symptoms and Anxiety. *S.E.20*, pp.75-174. 大宮勘一郎・加藤敏訳 (2010). 制止, 症状, 不安. フロイト全集19, pp.9-101.
—— (1927c). The Future of an Illusion. *S.E.21*, pp.1-56. 高田珠樹訳 (2001). ある錯覚の未来. フロイト全集20, pp.1-64.

―― (1930a [1929]). Civilization and its Discontents. *S.E.21*, pp.57-145. 嶺秀樹・高田珠樹訳 (2011). 文化の中の居心地悪さ. フロイト全集20, pp. 65-162.
―― (1931b). Female Sexuality. *S.E.21*, pp.221-243. 高田珠樹訳 (2011). 女性の性について. フロイト全集20, pp.215-238.
―― (1933a [1932]). New Introductory Lectures on Psycho-Analysis. *S.E.22*, pp.1-182. 道籏泰三訳 (2011). 続・精神分析入門講義. フロイト全集21, pp.1-240.
―― (1950a [1892-1899]). Extracts from the Fliess Papers. *S.E.1*, pp.173-280. 河田晃訳(2001). フロイト フリースへの手紙 1887-1904. 誠心書房.
―― (1950c [1895]). Project for a Scientific Psychology. *S.E.1*, pp.281-397. 総田純次訳 (2010). 心理学草案. フロイト全集3, pp.1-105.
―― (1963a). *Psycho-Analysis and Faith: The Letters of Sigmund Freud and Oskar Pfister*. Hogarth Press, London.
―― (1985a [1915]). *A Phylogenetic Fantasy: An Overview of the Transference Neurosis* (trans). Harvard University Press, Cambridge. 本間直樹訳 (2010). 転移神経症展望. フロイト全集14, pp.309-327.
福本修 (1993). 昇華の問題を巡って―ラカンとバタイユ―. 小出浩之編 (1993). ラカンと精神分析の問題. 弘文堂, pp.91-123.
Glover, E. (1931). Sublimation, Substitution and Social Anxiety. *The International Journal of Psycho-Analysis*, **12**, 263-297.
Gosso, S. (2004). From reparation to the aesthetic conflict. Gosso, S. (edit). *Psychoanalysis and Art: Kleinian Perspectives*. Karnac, London, pp.1-29.
Green, A. (1993). *Le Travail du négatif*. Les editions de minuit, Paris.
Hartmann, H. (1939). *Ego Psychology and the Problem of Adaptation* (trans). International Universities Press, New York. 霜田静志・篠崎忠男訳 (1967). 自我の適応. 誠信書房.
―― (1955). Notes on the Theory of Sublimation. *The Psychoanalytic Study of the Child*, **10**, 9-29.
Heimann, P. (1942). A Contribution to the Problem of Sublimation and its Relation to Processes of Internalization. *The International Journal of Psycho-Analysis*, **23**, 8-17.
平井正三 (2011). 精神分析的心理療法と象徴化―コンテインメントをめぐる臨床思考―. 岩崎学術出版社.
堀川聡司 (2013). 喪の作業としての昇華. 精神分析研究, **57(4)**, 378-386.
Horney, K. (1926). The Flight from Womanhood: The Masculinity-Complex in Women, as Viewed by Men and by Women. *The International Journal of Psycho-Analysis*, **7**, 324-339.
Jaques, E. (1965). Death and the Mid-Life Crisis. *The International Journal of Psycho-Analysis*, **46**, 502-514.
Jones, E. (1933). The Phallic Phase. *The International Journal of Psycho-Analysis*, **14**, 1-33.

―― (1941). Evolution and Revolution. *The International Journal of Psycho-Analysis*, **22**, 193–208.

―― (1957). *Sigmund Freud Life and Work, Volume Three: The Last Phase 1919–1939*. The Hogarth Press, London.

Klein, M. (1923a). The Rôle of the School in the Libidinal Development of the Child. *The Writing of Melanie Klein, Vol.1*, pp.59–76. 村山正治訳 (1983). 子どものリビドー発達における学校の役割. メラニー・クライン著作集1, pp.69–90.

―― (1923b). Early Analysis. *The Writing of Melanie Klein, Vol.1*, pp.77–105. 堤啓訳 (1983). 早期分析. メラニー・クライン著作集1, pp.91–123.

―― (1927). Criminal Tendencies in Normal Children. *The Writing of Melanie Klein, Vol.1*, pp.170–185. 野島一彦訳 (1983). 正常な子どもにおける犯罪傾向. メラニー・クライン著作集1, pp.205–224.

―― (1928). Early Stage of the Oedipus Conflict. *The Writing of Melanie Klein, Vol.1*, pp.186–198. 柴山謙二訳 (1983). エディプス葛藤の早期段階. メラニー・クライン著作集1, pp.225–238.

―― (1929). Infantile Anxiety-Situations Reflected in a Work of Art and in the Creative Impulse. *The Writing of Melanie Klein, Vol.1*, pp.210–218. 坂口信貴訳 (1983). 芸術作品および創造的衝動に表われた幼児期不安状況. メラニー・クライン著作集1, pp.253–264.

―― (1932). The Psycho-Analysis of Children. *The Writing of Melanie Klein, Vol.2*. 衣笠隆幸訳 (1997). 児童の精神分析. メラニー・クライン著作集2.

―― (1933). The Early Development of Conscience in the Child. *The Writing of Melanie Klein, Vol.1*, pp.248–257. 田嶌誠一訳 (1983). 子どもにおける良心の早期発達. メラニー・クライン著作集3, pp.3–14.

―― (1935). A Contribution to the Psychogenesis of Manic-Depressive States. *The Writing of Melanie Klein, Vol.1*, pp.262–289. 安岡誉訳 (1983). 躁うつ状態の心因論に関する寄与. メラニー・クライン著作集3, pp.21–54.

―― (1940). Mourning and its Relation to Manic-Depressive States. *The Writing of Melanie Klein, Vol.1*, pp.344–369. 森山研介訳 (1983). 喪とその躁うつ状態との関係. メラニー・クライン著作集3, pp.123–155.

―― (1945). The Oedipus Complex in the Light of Early Anxieties. *The Writing of Melanie Klein, Vol.1*, pp.370–419. 牛島定信訳 (1983). 早期不安に照らしてみたエディプス・コンプレックス. メラニー・クライン著作集3, pp.157–218.

―― (1946). Notes on Some Schizoid Mechanisms. *The Writing of Melanie Klein, Vol.3*, pp.1–24. 狩野力八郎・渡辺明子・相田信男訳 (1985). 分裂的機制についての覚書. メラニー・クライン著作集4, pp.3–32.

―― (1950). On the Criteria for the Termination of a Psycho-Analysis. *The Writing of Melanie Klein, Vol.3*, pp.43–47. 北山修訳 (1985). 精神分析の終結のための基準について. メラニー・クライン著作集4, pp.55–60.

―――― (1952). Some Theoretical Conclusions Regarding the Emotional Life of the Infant. *The Writing of Melanie Klein, Vol.3*, pp.61-93. 佐藤五十男訳 (1985). 幼児の情緒生活についての二, 三の理論的結論. メラニー・クライン著作集4, pp.77-116.

―――― (1955). The Psycho-Analytic Play Technique: Its History and Significance. *The Writing of Melanie Klein, Vol.3*, pp.122-140. 渡辺久子訳 (1985). 精神分析的遊戯技法―その歴史と意義. メラニー・クライン著作集4, pp.157-181.

―――― (1957). Envy and Gratitude. *The Writing of Melanie Klein, Vol.3*, pp.176-235. 松本善男訳 (1996). 羨望と感謝. メラニー・クライン著作集5, pp.3-89.

Kris, E. (1952). *Psychoanalytic Explorations in Art*. International Universities Press, New York. 馬場禮子訳 (1976). 芸術の精神分析的研究. 岩崎学術出版社.

―――― (1955). Neutralization and Sublimation-Observations on Young Children. *The Psychoanalytic Study of the Child*, **10**, 30-46.

Lacan, J. (1938). Les complexes familiaux dans la formation de l'individu. Lacan, J. (2001). *Autre écrits*. Seuil, Paris, pp.23-84.

―――― (1973). *Le sémimaire livre XI, Les quatre concepts fondamentaux de la psychanalyse*. Seuil, Paris. 小出浩之・新宮一成・鈴木國文・小川豊明訳 (2000). 精神分析の四基本概念. 岩波書店.

―――― (1986 [1959-60]). *Le séminaire livre VII, L'éthique de la psychanalyse*. Seuil, Paris. 小出浩之・鈴木國文・保科正章・菅原誠一訳 (2002). 精神分析の倫理(上). 岩波書店.

―――― (1998 [1956-57]). *Le séminaire livre IV, La relation d'objet*. Seuil, Paris. 小出浩之・鈴木國文・菅原誠一訳 (2006). 対象関係(上)(下). 岩波書店.

Lagache, D. (1962). La sublimation et les valeurs. Lagache, D. (1984). *De la fantaisie à la sublimation, Oeuvres V*. PUF, Paris, pp.1-72.

―――― (1962-1964). La psychanalyse comme sublimation. Lagache, D. (1984). *De la fantaisie à la sublimation, Oeuvres V*. PUF, Paris, pp.191-225.

Laplanche, J. (1970). *Vie et mort en psychanalyse*. PUF, Paris.

―――― (1980). *Problématiques III, La sublimation*. PUF, Paris.

Laplanche, J. & Pontalis, J-B.(1967). *Vocabulaire de la psychanalyse*. PUF, Paris. 村上仁監訳 (1977). 精神分析用語辞典. みすず書房.

Levey, H. B. (1939). A Critique of the Theory of Sublimation. *Psychiatry*, **2**, 239-270.

Loewald, H. W. (1988). *Sublimation: Inquiries into Theoretical Psychoanalysis*. Yale University Press, London.

松木邦裕 (2007).「抑うつ」についての理論. 松木邦裕・加賀博光編 (2007). 抑うつの精神分析的アプローチ. 金剛出版, pp.15-49.

―――― (2011). 不在論―根源的苦痛の精神分析―. 創元社.

Meltzer, D. (1967). *The Psycho-Analytical Process*. Karnac, London. 松木邦裕監訳 (2010). 精神分析過程. 金剛出版.

―――― (1973). *Sexual States of Mind*. Karnac, London. 古賀靖彦・松木邦裕監訳 (2012). こころの性愛状態. 金剛出版.

―― (1978). *The Kleinian Development*. Karnac, London. 松木邦裕監訳(2015). クライン派の発展. 金剛出版.

Menninger, K. (1942). *Love against Hate*. Harcourt, New York.

Mijolla-Mellor, S. de (2005). *La sublimation*. PUF, Paris.

―― (2009). *Le choix de la sublimation*. PUF, Paris.

―― (2012). *Traité de la sublimation*. PUF, Paris.

向井雅明 (1988). ラカン対ラカン. 金剛出版.

Nasio, J-D. (1988). *Enseignement de 7 concepts cruciaux de la psychanalyse*. Rivages, Paris. 榎本譲 (1990). 精神分析7つのキーワード. 新曜社.

Ohayon, A. (2006). *Psychologie et psychanalyse en France: L'impossible rencontre (1919–1969)*. La Découverte, Paris.

Olsen, O. A. (2004). Depression and Reparation as Themes in Melanie Klein's Analysis of the Painter Ruth Weber. *The Scandinavian Psychoanalytic Review*, **27(1)**, 34–42.

Quinodoz, J-M. (2004). *Reading Freud: A Chronological Exploration of Freud's Writings* (trans). Routledge, London and New York. 福本修監訳 (2013). フロイトを読む―年代順に紐解くフロイト著作―. 岩崎学術出版社.

Rickman, J. (1940). On the Nature of Ugliness and the Creative Impulse. *The International Journal of Psycho-Analysis*, **21**, 294–313.

Róheim, G. (1943). Sublimation. *The Psychoanalytic Quarterly*, **12**, 338-352.

Rosenfeld, H. (1964). On the Psychopathology of Narcissism: a Clinical Approach. *The International Journal of Psycho-Analysis*, **45**, 332–337.

Roudinesco, E. (1994). *Histoire de la psychanalyse en France, tome 2: 1925–1985*. Fayard, Paris.

Séchaud, É. (2005). Perdre, sublimer... *Revue française de psychanalyse*, **69(5)**, 1309–1379.

Segal, H. (1952). A Psycho-Analytical Approach to Aesthetics. *The International Journal of Psycho-Analysis*, **33**, 196–207. 松木邦裕訳 (1988). クライン派の臨床―ハンナ・シーガル論文集―. 岩崎学術出版社, pp.229–257.

―― (1957). Notes on Symbol Formation. *The International Journal of Psycho-Analysis*, **38**, 391–397. 松木邦裕監訳 (1993). メラニー・クライン トゥディ②. 岩崎学術出版社, pp.12–33.

―― (1973). *Introduction to the Work of Melanie Klein*. The Hogarth Press, London. 岩崎徹也訳. (1977). メラニー・クライン入門. 岩崎学術出版社.

Sharpe, E. (1930). Certain Aspects of Sublimation and Delusion. *The International Journal of Psycho-Analysis*, **11**, 12–23.

Spillius, E. B. (1993). Varieties of Envious Experience. *The International Journal of Psycho-Analysis*, **74**, 1199–1212. 福本修訳 (2004). 現代クライン派の展開. 誠信書房, pp.97–122.

Spillius, E. B. et al. (2011). *The New Dictionary of Kleinian Thought*. Routledge, London

and New York.
竹内健児 (2004). ドルトの精神分析入門. 誠信書房.
十川幸司 (2003). 精神分析. 岩波書店.
―― (2008). 来るべき精神分析のプログラム. 講談社選書メチエ.
立木康介 (2007). 精神分析と現実界 フロイト／ラカンの根本問題. 人文書院.
―― (2012a). 狂気の愛, 狂女への愛, 狂気のなかの愛――ブルトン, デュラス, ラカン――. 思想, **1062**, 154–197.
立木康介編 (2012b). 精神分析の名著. 中公新書.
Valdrè, R. (2014). *On Sublimation: A Path to the Destiny of Desire, Theory, and Treatment* (trans). Karnac, London.

初出一覧

本書は,以下の論文および,口頭発表原稿をもとにしている。

堀川聡司 (2011). 精神分析における昇華理論の変遷―フロイトから自我心理学へ―. 京都大学大学院教育学研究科附属臨床教育実践研究センター紀要, **15**, 144-156.
⇒第一章, 第二章

堀川聡司 (2012). ジャン・ラプランシュの昇華論―『Problématiques III』におけるフロイトへの回帰―. 京都大学大学院教育学研究科附属臨床教育実践研究センター紀要, **16**, 133-142.
⇒第二章

堀川聡司 (2013). 昇華の動因論. 京都大学大学院教育学研究科紀要, **59**, 527-539.
⇒第三章

堀川聡司 (2013. 8. 26). 羨望の防衛と昇華. 日本心理臨床学会第32回秋季大会 (横浜).
⇒第六章

堀川聡司 (2013). 喪の作業としての昇華. 精神分析研究, **57(4)**, 378-386.
⇒第四章

堀川聡司 (2014. 8. 23). フランソワーズ・ドルトの昇華理論. 日本心理臨床学会第33回秋季大会 (横浜).
⇒第五章

HORIKAWA Satoshi (2014. 9. 13). On Sublimation in relation to Oedipus Complex. A Joint Jung/Lacan Conference (St. John's College in Cambridge).
⇒第六章

堀川聡司 (2015). 昇華の価値論. 京都大学大学院教育学研究科紀要, **61**, 163-174.
⇒第三章

堀川聡司 (2015). 理想の子どもを持とうと望む女性との心理療法. 精神分析研究, **59(4)**, 476-480.
⇒第六章

なお,本書を執筆するにあたって,いずれも大幅な加筆・補正が施されている。

あとがき

　本書は，私が京都大学に提出した博士学位論文がもとになっている。昇華という概念に関心を持つようになったのが修士課程一年生の終わり頃だったので，ちょうど四年の歳月をかけてこのテーマに取り組んでいたことになる。

　振り返ってみると，大学院時代はほとんど精神分析（と私が思っていたもの）に没入していた。精神分析の書物を紐解き，精神分析的心理療法のトレーニングを受ける中で，私はその世界観にどんどん吸い寄せられていった。精神分析による人間の捉え方は，心理臨床を学ぶ初学者にとって心強い羅針盤となっただけでなく，自分自身についての，これまで想像もしなかった側面を照らす光となった。私が人生で見知った何にも増して好奇心を刺激する面白さがあり，自由にものを考える喜びを教えてくれた。よく分からないなりにも，自分の人生を注ぐに値するものがある気がした。

　しかしそれは同時に，この上ない居心地悪さと不自由さをもたらすものでもあった。自分の生き生きとしたリアルな体験が，精神分析のもつ価値観に縛られ息苦しくなるような感覚だった。そうした不可解さや葛藤に耐え，少しでも咀嚼してゆくことを私は必要としていた。私が半ば無意識的に選んだ昇華というテーマには，そのための素材が少なからず含まれていた。

　本書の中で私は，昇華という一つの術語に関する先行文献を見渡し，理論的な検討を加え，最終的に臨床経験に結びつけてゆく作業を行っている。もちろん，昇華を論じたすべての分析家の思考を網羅しているわけではないし，著者自身の臨床経験の乏しさに由来する不十分さも少なくないだろう。何よりも，私自身がさらなる課題に直面することになってしまったのも事実である。本書のような試みにどのような意義があるかについては，読者の皆様の忌憚のないご意見やご批判を賜りたいと思っている。

＊　＊　＊

本書は，私を支え，励まして下さった多くの人の力によって成り立っています。私が手にしている最上の幸福は，そうした優しくも厳しく接して下さる先生方や同僚たち，そして家族に恵まれたことだと思っています。ここにすべての人の名前を挙げることは叶いませんが，そのうち何人かの方々に感謝の言葉を記させていただきたいと思います。

　まず，私が大学院時代に出会った三人の精神分析家に御礼を申し上げます。本書で示された私の考えは，直接的・間接的に三人の先生から決定的な影響を受けています。
　松木邦裕先生へ。この世界に入った最初の数年間，松木先生の近くで精神分析に触れられたことは私にとって大きな喜びでした。臨床家としての技術や知識を教授して下さっただけでなく，一人の専門家として，一人の大人として，変わらぬ誠実さで接し続けて下さったことが，何よりもの指導でした。また，大変なご多忙の中，本書序文の執筆の労をお取りいただきましたことを心より感謝致します。
　平井正三先生へ。先生のスーパーヴィジョンでは，すぐに使えるようなハウトゥー的な指導はほとんどなく，ひたすらにケースの素材について考え，討議するというものでした。自由にものを考え，思索を巡らし，それを言葉にしてゆく態度を先生は常に示しておられましたが，それこそまさに私が精神分析に惹かれている理由に他なりません。
　私の個人分析を引き受けて下さった先生へ。先生とのセラピーを通じて，私は随分違った人間になったと思うこともあれば，何一つ変わらない生き方をしていると思うこともあります。この著書は，あの頃の経験を，拙い知性化の力を借りて私なりに消化しようと試みたものかもしれません。いずれにしても，あの時間とあの場所は私にとって特別なものなのです。

　また，博士学位論文審査の副査としてご指導いただきました大山泰宏先生と岡野憲一郎先生にも格別の感謝を申し上げます。本書が少しでもまとまり

あるものになっているとすれば、それはお二人のご助言とご指導の賜物に他なりません。

　立木康介先生は、最前線で活躍するラカン派の分析家たちに出会う機会を与えて下さっただけでなく、文献を精読する意義と魅力を教えて下さいました。«Allocution sur les psychoses de l'enfant» は、大学院への進学を決意させた特権的なテクストとなりました。

　京都大学精神分析研究会のメンバーは、公私にわたって私の支えとなって下さいました。気楽に生きていくことが簡単ではない環境で、多くの苦悩と喜びを共にできる仲間がいたことがどれほど私の助けになったことでしょう。

　最後に、本書の制作にあたって一貫して温かく見守り、適切で鋭い指摘を下さいました岩崎学術出版社編集長の長谷川純氏に深謝致します。

　2015年12月末日　三回目の祝福を目前にして

堀川　聡司

（なお、本書は京都大学総長裁量経費・若手研究者出版助成事業の助成を受け、その支援の下に出版されたものである）

索 引

あ行

アブラハム Abraham, K.　　101, 133
依托　　15, 58, 60
一次過程　　89
一次去勢　　65, 116
ヴァルドレ Valdrè, R.　　3, 54, 108, 141
ウィニコット Winnicott, D. W.　　54, 150
エヴァンス Evans, D.　　99
エス　　21, 41
エディプス期去勢　　65
エディプス・コンプレックス　　22, 61, 62, 65, 83, 133
狼男　　32, 33

か行

快原理　　20, 21, 89, 90
解放機制　　90
関係学派　　46
カント　　12
キノドス Quinodoz, J-M.　　55
逆転移　　114, 123, 127
キャナム Canham, H.　　127
局所論
　　第二――　　21, 24, 36, 44, 67, 81
去勢　　62, 63, 84, 86, 87, 91, 115, 120, 125
　　――コンプレックス　　63, 133
クライン Klein, M.　　35, 47〜54, 67, 69, 82, 85, 87, 90, 91, 93〜110, 121, 134
グラバー Glover, E.　　13, 23, 36, 39, 52

グリーン Green, A.　　22, 66
クリス Kris, E.　　35, 45
ゲーテ　　37
現実原理　　89, 90, 146
攻撃性　　23, 33, 34, 35, 36, 45, 49, 68, 69, 82, 94, 134
口唇期　　15, 76, 114, 134, 136, 142
口唇期去勢　　64
肛門期　　15, 142
肛門期去勢　　65, 122
肛門期的再建　　142, 148
肛門性愛　　27
ゴッソ Gosso, S.　　93, 100
コフート Kohut, H.　　46
コブランス Coblence, F.　　108
根源的誘惑　　60, 78, 85
コンテイナー　　104, 127, 147, 148

さ行

罪悪感　　12, 24, 50, 52, 69, 82, 107, 108
シーガル Segal, H.　　52, 53, 107
シェトリ・ヴァティーヌ Chetrit-Vatine, V.　　78
自我　　21, 22, 41, 44, 85, 87, 91
自我自律性　　87, 88, 91
自我心理学　　40〜46, 81, 88, 146
自我理想　　19, 36, 78, 79, 80, 85, 86, 89, 91, 104, 107, 146
自我リビドー　　18, 19
自己心理学　　46
死の欲動（タナトス）　　20
社会化　　36, 145

シャスゲ‐スミルゲル Chasseguet-
　Smirgel, J.　61, 67, 83, 86, 87, 139
ジャックス Jaques, E.　54
シャルプ Sharpe, E.　52
宗教　29, 33
シュレーバー〔症例〕　18, 23, 24, 67
昇華〔化学〕　32
象徴化　104, 105, 109, 117, 147, 148
象徴産出的去勢　62～65, 84, 86, 91,
　105, 113～128
ジョーンズ Jones, E.　49, 133
神経症　12, 15, 16, 17, 19, 33, 37, 42,
　47, 48, 60, 61, 66, 84, 115, 148
崇高　12, 24, 25, 33, 37, 99, 145, 146
スピリウス Spillius, E. B.　94, 134
性器期　15, 48
性器体制　15
セショ Séchaud, É.　105, 107
潜在空間　54
前性器期　27, 41
羨望　50, 134, 135, 136
　──の防衛　134
躁的防衛　107, 136～138

た行

対象 a　101
対象関係論　46, 94, 114
対象リビドー　18, 19
代替満足　102, 104, 109, 117, 128, 147,
　148
第二局所論　13
第二欲動論　13
竹内健児　64, 115
脱性化　21, 22, 24, 28, 31, 35, 37, 62,
　73, 74, 78, 79, 100, 145
脱本能化　45
男根期　15, 134

男根期的再建　137, 138, 148
臍帯去勢　64
中和　35, 44, 45
超自我　21, 22, 24, 41, 42, 44, 86
立木康介　18, 55, 68, 99, 101
償い　50, 51, 54, 69, 82, 83, 85, 87, 91,
　93, 96, 100, 107, 108, 114
　──としての昇華　50, 52, 69, 87,
　91, 93, 102, 105, 110
適応　41, 45, 81, 105, 148, 150
デリ Deri, F.　41
転移　30, 31, 127, 136, 138, 140
　──解釈　120
転移性治癒　130
天才論　37, 38, 145, 146
ドイチュ Deutsch, H.　133
同一化　22
倒錯　12, 14, 16, 27, 33, 62, 66, 76, 83,
　84, 94, 115, 139
同性愛　26, 27, 32
十川幸司　3, 76, 101
ドラ〔症例〕　14, 31
ドルト Dolto, F.　56, 62～66, 67, 76,
　84, 87, 91, 101, 105, 113～128

な行

ナシオ Nasio, J-D.　6, 13, 78～80
ナルシシズム　18, 78, 79
　──的自我　78, 85
　一次──　18
　二次──　18
二次過程　89, 146, 150
ヌンベルク Nunberg, H.　49

は行

バーク　12
ハイマン Heimann, P.　52

迫害不安　　*49, 51, 69*
破滅‐解体不安　　*49, 69*
パラノイア　　*12, 18*
ハルトマン Hartmann, H.　　*35, 44, 45, 81, 85, 87, 88*
ハンス〔症例〕　　*17, 79*
反動形成　　*28, 43, 96*
悲哀　　*82, 107, 108*
ビオン Bion, W. R.　　*54, 59, 104, 127*
ビブリング Bibring, E.　　*90*
平井正三　　*122, 127*
ファルス　　*62, 83, 86*
フィスター　　*28*
フェニケル Fenichel, O.　　*42, 43, 81, 87, 137, 141*
フェレンツィ Ferenczi, S.　　*20*
福本修　　*4, 5*
ブランズウィック Brunswick, R. M.　　*30*
フリース　　*13*
ブレンマン Brenman, E.　　*78*
フロイト，アンナ Freud, A.　　*41, 42, 49, 81, 86, 87*
フロイト Freud, S.　　*1, 4, 5, 11〜38, 48, 49, 58〜61, 68, 74〜86, 93, 94, 98〜103, 108, 116, 132, 133, 139, 145, 146, 151*
　　――後期モデル　　*13, 35, 67, 69, 92, 100*
　　――前期モデル　　*13, 35, 48, 67, 92, 100, 114*
フロイト・クライン論争　　*55, 152*
ペニス羨望　　*25, 132, 133, 137*
ベルグラー Bergler, E.　　*41*
変形　　*54*
防衛　　*13, 31, 42, 43, 81, 90, 105, 146, 148, 150*
ホーナイ Horney, K.　　*133*

ボナパルト，マリー Bonaparte, B.　　*33, 56*
ボラス Bollas, C.　　*54*
ポンタリス Pontalis, J-B.　　*5, 12, 56*
本能　　*15, 34, 41, 42, 44, 45, 53, 88, 135*
　　死の――　　*47, 49, 50, 52, 68, 69, 82, 100, 134, 135*
　　生の――　　*52, 68, 82, 100*

ま行

松木邦裕　　*4, 107, 108*
ミジョラ‐メラー Mijolla-Mellor, S. de　　*11, 66*
メニンガー Menninger, K.　　*35, 44, 45, 49*
メランコリー　　*12, 23, 50, 95*
メルツァー Meltzer, D.　　*36, 50, 54, 94, 100, 110*
妄想分裂ポジション　　*51, 52, 89, 100*
〈物〉　　*97, 98, 99, 101, 103, 105, 109, 148*
　　――の再建　　*105, 106, 109, 117, 137, 147, 148*
喪の作業　　*53, 82, 106〜110, 117, 137〜139, 142, 150*
　　――としての昇華　　*106, 138, 147, 149*
　　――の逸脱　　*108*

や行

ユング Jung, C. G.　　*29*
抑圧　　*16, 19, 26*
抑うつ不安　　*148*
抑うつポジション　　*51, 53, 54, 82, 89, 100, 136*
欲動　　*3, 4, 15〜17, 22, 26, 58, 74, 98, 103, 114, 115*
　　完成――　　*20*

自我―― 15, 21
自己保存――（自我欲動） 15, 20, 21, 59, 60, 85
死の――（タナトス） 20, 21, 23, 44, 47, 49, 68, 69
性―― 15, 20, 21, 23, 27, 28, 35, 59, 60, 141, 145
生の――（エロース） 20～23, 44
部分―― 15, 17, 27
欲動論 5, 11, 21, 28, 46, 94, 100, 114
　第一―― 48, 55, 67
　第二―― 36, 67

ら行

ラガーシュ Lagache, D. 56, 66, 77, 80, 90
ラカン Lacan, J. 18, 39, 55～57, 59, 63, 67, 88, 97～99, 101, 104, 105, 117
ラプランシュ Laplanche, J. 1, 5, 12,
　　　56, 57～61, 67, 68, 78, 85, 103
理想化 18, 19, 61, 83
リックマン Rickman, J. 52
リビドー 17, 21, 22, 23, 26, 29, 31, 34, 35, 37, 43, 45, 47, 52, 67, 79, 93, 100, 114, 146
　自我―― 18, 19, 21, 22, 28, 37
　昇華された―― 21, 44
　対象―― 18, 19, 21, 22, 23, 28, 37, 104
　ナルシス的―― 21, 28
倫理的誘惑 78
ルース・クヤール〔症例〕 95, 96, 108
レーヴィー Levey, H. B. 41
レーウォルド Loewald, H. W. 46
レオナルド・ダ・ヴィンチ 17, 25, 26, 28, 37, 67
ローゼンフェルト Rosenfeld, H. 135
ローハイム Róheim, G. 41

著者略歴

堀川聡司（ほりかわ　さとし）
1987年　京都市に生まれる
2010年　京都大学教育学部卒業
2015年　京都大学大学院教育学研究科博士後期課程修了
現　在　目白大学心理カウンセリングセンター助教。博士(教育学)。臨床心理士。

精神分析と昇華
―天才論から喪の作業へ―
ISBN978-4-7533-1103-3

著　者
堀川　聡司

2016年2月24日　第1刷発行

印刷　新協印刷(株)　／　製本　(株)若林製本
――――――
発行所　(株)岩崎学術出版社　〒112-0005　東京都文京区水道1-9-2
発行者　村上　学
電話 03(5805)6623　FAX 03(3816)5123
©2016　岩崎学術出版社
乱丁・落丁本はおとりかえいたします　検印省略

フロイト技法論集
S・フロイト著　藤山直樹編・監訳
実践家による実践家のためのフロイト　　　　　　　　　本体3000円

フロイトを読む──年代順に紐解くフロイト著作
J・M・キノドス著　福本修監訳
フロイトと出会い対話するための絶好の案内書　　　　本体4600円

改訳 遊ぶことと現実
D・W・ウィニコット著　橋本雅雄，大矢泰士訳
臨床家ウィニコットの思索の到達点　　　　　　　　　本体4000円

耳の傾け方──こころの臨床家を目指す人たちへ
松木邦裕著
支持的な聴き方から精神分析的リスニングへ　　　　　本体2700円

対象関係論を学ぶ──クライン派精神分析入門
松木邦裕著
徹底して臨床的に自己と対象が住む内的世界を解く　　本体3000円

精神分析体験：ビオンの宇宙──対象関係論を学ぶ 立志編
松木邦裕著
構想十余年を経て，待望の書き下ろし　　　　　　　　本体3000円

精神分析の学びと深まり──内省と観察が支える心理臨床
平井正三著
日々の臨床を支える精神分析の「実質」とは　　　　　本体3100円

精神分析的心理療法と象徴化──コンテインメントをめぐる臨床思考
平井正三著
治療空間が成長と変化を促す器であるために　　　　　本体3800円

精神分析と文化──臨床的視座の展開
岡田暁宜，権成鉉編著　松木邦裕訳
文化を切り口に分析臨床の展開をとらえる　　　　　　本体3500円

この本体価格に消費税が加算されます。定価は変わることがあります。